신경회로망을
이용한 데이터 분석

Bigdata Intelligence

신경회로망을 이용한 데이터 분석

박혜영 지음

카오스북
CHAOS BOOK

신경회로망을 이용한 데이터 분석

펴낸날	2017년 8월 1일 초판 2쇄
	2016년 7월 15일 초판 1쇄
지은이	박혜영
펴낸이	오성준
펴낸곳	카오스북
주소	경기도 파주시 광인사길 121
출판등록	제 406-251002012000111호
전화	031-947-1961, 1962
팩스	031-947-1966
홈페이지	www.chaosbook.co.kr
편집	moon & Park
정가	9,000원
ISBN	978-89-98338-62-6 93000

머리글

인공신경망은 컴퓨터가 형태를 갖추어 가던 1940년대에 함께 시작된 이론이다. 그동안 몇 번의 흥망기가 있었지만, 최근에는 방대한 데이터량과 고성능 컴퓨팅 파워에 힘입어 인공지능 실현을 위해 없어서는 안 되는 기술로 자리 잡게 되었다. 알파고의 놀라운 성공의 핵심에도 신경망이 있다.

신경망은 일반인들이 접근하기에 그리 녹녹한 분야가 아니다. 통계나 수학에 대한 꽤 단단한 백그라운드와 컴퓨터 알고리즘에 대한 지식도 필요하기 때문이다. 그럼에도 불구하고 데이터 분석을 제대로 해 보고 싶은 사람들에게 멀리하기에는 너무 강력하고 고유한 능력을 가진 기술이기도 하다.

이 책은 수학이나 컴퓨터 알고리즘에 대한 지식이 많지 않은 독자들이 R에서 제공하는 툴을 이용하여 데이터 분석을 수행해 볼 수 있도록 신경망을 소개하기 위해 집필되었다. 그렇다고 수박 겉핥기식의 훑어보기에서 그친다면, R과 같은 패키지를 사용하더라도 제대로 활용할 수 없다. 다른 방법들과는 달리 신경망의 경우는 사용자가 설정해 주어야 하는 파라미터와 특별한 데이터 정제 등이 필요하기 때문이다.

이 책은 먼저 신경망을 다루기 위한 기본적인 개념의 소개에서 시작하여, 실제 신경망을 활용할 때 고려해야 할 많은 사항들에 대하여 설명하고, 직접 R을 이용한 데이터 분석 수행 과정을 단계적으로 밟아갈 수 있도록 다음과 같이 구성하였다.

- 1장: 인공신경망이 어떤 것인지 개념을 소개한다.
- 2장: 대표적 신경망인 다층퍼셉트론에 대해 알아본다.
- 3장: 대표적인 응용문제인 숫자 인식 사례를 이용하여 신경망 설계 방법 시 고려사항들을 짚어본다.
- 4장: R의 신경망 패키지를 이용하여 두 가지 서로 다른 특성을 가진 데이터 분석 문제를 풀어본다.
- 5장: 신경망 활용을 위한 고려사항들을 요약 정리한다.

최근에 회자되고 있는 '딥러닝'은 사실상 신경망의 다른 이름이라고 해도 틀리지 않다. 딥러닝 모델들은 결국 이 책에서 다루는 다층퍼셉트론의 층수를 늘려서 '깊은' 층을 만들고, 각 노드의 기능과 연결 구조를 조금 특별하게 구성해준 것에 지나지 않기 때문이다. 딥러닝에 관심 있는 독자라면, 먼저 이 책을 통해 다층퍼셉트론을 이해한 후 좀 더 복잡한 모델로 나아가는 것이 올바른 순서가 될 것이다.

모쪼록 이 책이 독자들로 하여금 신경망이라는 흥미로운 기술에 가까워지는 도구가 되기를 바란다.

2016년 4월

박혜영

차례

제 1 장

신경회로망 개요

1.1

신경회로망이란?

신경회로망은 인간의 뇌에 존재하는 신경세포들이 망 형태의 복잡한 연결 구조를 이루는 것을 이르는 말이다. 컴퓨터과학 분야에서는 뇌의 구조를 모방한 방식으로 정보를 처리하는 알고리즘을 구현함으로써 인공지능을 실현하고자 하였는데, 이러한 방법론을 인공 신경회로망이라고 불렀다. 이후 컴퓨터 분야에서는 '인공'이라는 표현을 생략하여 신경회로망이라고 부르게 되었다. 이 책에서도 특별히 혼동되지 않는 한 신경회로망 혹은 신경망으로 서술한다.

신경회로망을 이해하기 위해서는 먼저 인간의 뇌에서 일어나는 정보처리 방식에 대하여 이해할 필요가 있다. 인간의 뇌는 신경세포(뉴런, neuron)라고 하는 간단한 구조와 기능을 가진 세포들이 연결되어 지능적인 정보처리 기능을 수행한다. 일반적인 인간의 뇌는 100억 개 이상의 신경세포와 60조 이상의 연결을 가진 매우 복잡한 구조를 가지고 있다. 이 복잡한 연결 구조가 인간이 해내는 고도의 지능적 처리의 핵심이다. 여기서 중요한 것은 신경세포 간의 연결은 태어날 때부터 완성되어 있는 것이 아니라, 성장하면서 주위로부터 자극을 받고 반응하는 과정에서 그 연결 정도가 스스로 조정되면서 원하는 일을 수행할 수 있게 된다는 점이다. 즉, '신경세포들 간의 복잡한 연결과 그 강도의 변화'가 인간이 보유한 환경에 대한 적응능력(adaptability)과 새로운 것에 대한 학습(learning) 능력의 핵심이라고 볼 수 있다. 신경회로망은 이러한 뇌의 핵심 기능을 알고리즘화하여 컴퓨터에 탑재하고자 하는 시도에서 시작되었다.

이제 생물학적인 신경세포의 구조와 세포 간 연결에 대하여 먼저 알아보고, 이것을 인공적으로 모델링하는 방법에 대하여 살펴보자. [그림 1]에 전형적인 신경세포들의 모형을 나타내었다. 그림의 중심에 위치한 신경세포에 자세히 표현한 것과 같이, 하나의 신경세포는 세포핵(nucleus)을 둘러싸고 있는 세포체(cell body), 자극을 받아들이는 수상돌기(dendrite), 신호를 전달하는 축색(axon)으로 구성되어 있으며, 신호를 주고받는 두 세포들 사이에는 연결고리에 해당하는 시냅스(synapse)가 존재한다. 이들을 기능적인 측면에서 살펴보면, 수상돌기는 입력 모듈, 세포체(cell body)와 세포핵(nucleus)은 계산 모듈, 축색(axon)은 출력모듈에 해당한다. 또한 시냅스(synapse)는 하나의 세포가 이전 세포로부터의 출력 값을 받아들일 때 그 강도를 조정하는 모듈이라고 볼 수 있다. 결국 하나의 신경세포를 중심으로 한 신호의 흐름은 이전세포의 출력(혹은 외부 자극) → 시냅스(강도 조절) → 수상돌기(입력) → 세포체/세포핵(계산) → 축색(출력)과 같은 단계로 정리될 수 있고, 이

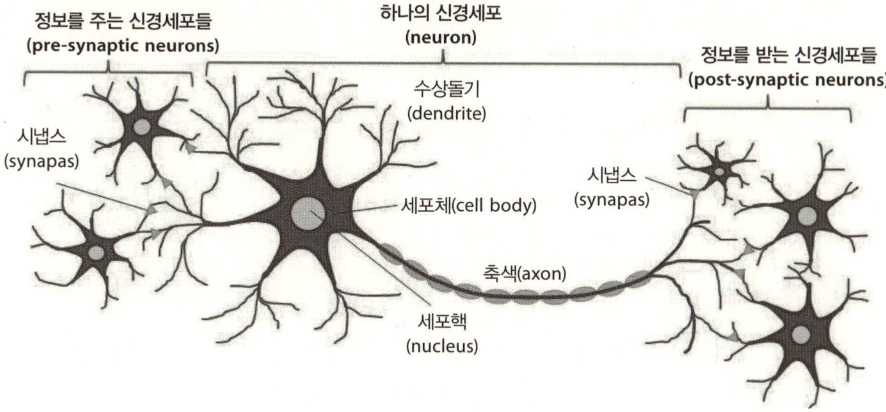

그림 1 시냅스로 연결된 신경세포들

과정을 수식으로 정리하면 인공 신경세포를 정의할 수 있다.

이때 가장 핵심이 되는 것은 세포체에서 이루어지는 '계산' 과정이 되므로 이에 대해 좀 더 자세히 알아보자. 외부 혹은 다른 신경세포들로부터 주어지는 자극(전기적인 신호)은 시냅스를 거치면서 강도가 조절된 상태로 세포체로 흘러들어온다. 세포체로 흘러들어온 전기적인 신호는 처음에는 단순히 세포체 안에 머물러 있기만 하고 출력신호를 발생시키지는 못한다. 그러나 점점 신호들이 많이 모여 일정한 임계치(threshold)를 넘게 되면, 이 세포는 '활성화'되어 활동전위(스파이크)를 발생시키고, 이 전기적 정보가 축색을 통해 이동하여 출력신호로서 다른 세포에 전달된다. 이러한 신경세포의 특성을 수학적인 식으로 정의하는 과정에 대해서는 다음 절에서 살펴보기로 하고, 여기서는 주요한 두 가지 주요한 특징('시냅스를 통한 강도 조절'과 '역치 값을 가지는 세포의 활성화')을 기억해 두자.

지금까지 설명한 것처럼 하나의 신경세포가 수행하는 기능은 매우 단순하다. 이 신경세포들이 우리가 하는 고도의 지능적 처리를 수행할 수 있는 것은 많은 수의 세포들이 매우 크고 복잡한 연결 구조를 형성하고 있기 때문이다. 따라서 그 연결 구조에 대해서도 알아볼 필요가 있다. 생물체의 신경시스템에서 가장 대표적으로 관찰되는 연결 구조는 계층적 연결(layered connection)이다. 즉, 신경세포들은 각각의 기능에 따라 그룹을 이루고, 하나의 그룹이 하나의 층을 이루어 이전 층의 세포들로부터 정보를 받아 처리한 후, 다음 층의 세포들에게 전달해 주는 방식을 취하는 구조로, 인간의 망막에서 처리되는 시신경세포들의 계층구조나 대뇌피질에 형성되어 있는 층상 구조들이 모두 이에 해당한다. 이와 같이 세포들의 기능에 따라 나누어진 층상 구조는 인공 신경회로망을 개발함에 있어서 기본적인 모델이 되었다.

1.2
신경회로망의 기본 요소

1.2.1 신경세포

신경망에서 하는 정보처리를 컴퓨터 알고리즘으로 만들어내기 위해서는 먼저, 수학적 용어로 기술하는 모델링이 선행되어야 한다. 앞 절에서 살펴본 생물학적 신경회로망의 특성을 모방한 인공 신경회로망을 수학적인 함수로 정의해 보자. 신경망을 정의하는 기본 요소는 크게 세 가지가 있는데, 신경세포(뉴런)의 계산식, 세포들 간의 연결 구조, 연결 강도를 조정하는 학습 규칙이 그것이다. 먼저 신경세포의 계산식에 대해 정의하고, 연결 구조와 학습 식은 각각 이어지는 절에서 알아본다.

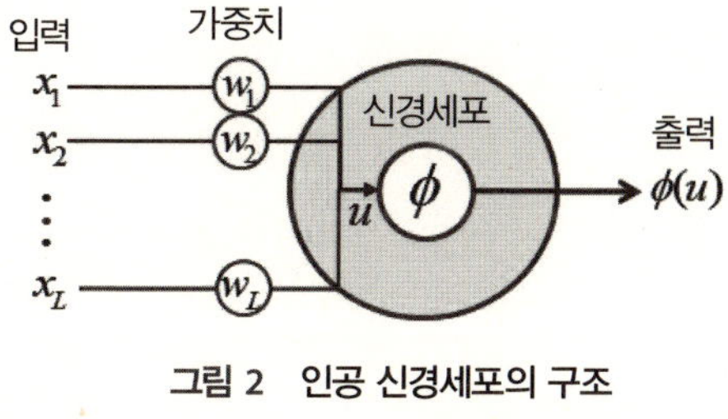

그림 2 인공 신경세포의 구조

[그림 2]에 신경세포의 핵심 기능을 포함한 간단한 처리 구조를 나타내었다. 이를 수학식으로 표현하면 다음과 같다.

$$u = \sum_{i=1}^{L} w_i x_i, \qquad \phi(u) = \begin{cases} 1 & \text{if } u \geq \theta \\ 0 & \text{otherwise} \end{cases} \qquad \text{(식 1)}$$

하나의 신경세포는 L개의 입력 $x_1, x_2, ..., x_L$을 받아들이는데, 각 입력 값에 가중치(weight) $w_1, w_2, ..., w_L$을 곱하여 받아들이도록 정의함으로써 시냅스에 의한 연결 강도 조절 기능을 구현하였다. 즉, 세포체로 모이는 값들의 합 u는 L개의 입력에 가중치를 곱하여 합한 가중 합 $u=\mathbf{w}^T\mathbf{x}=\Sigma w_i x_i$로 정의할 수 있다. 이 가중 합은 다시 활성화함수(activation function)라고 불리는 함수 $\phi(u)$를 통하여 다음 뉴런으로 전달될 출력 값으로 매핑된다.

결국 세포핵에서 이루어지는 계산 기능을 담당하는 것이 활성화함수가 되는데, 앞 절에서 기술한 '임계치에 따른 활성화'라는 특성을 표현하기 위하여 여러 가지 수학적 함수들이 사용되고 있다. (식 1)에는 가장 기본적인 활성화함수인 계단 함수를 정의하였는데, 세포체로 흘러들어온 입력의 가중 합 u가 미리 정해진 임계치 θ보다 커질 때 1이 되므로, 전기적 방전(스파이크)을 일으켜 활성화되는 생물학적 신경세포의 특징을 간단히 표현한 것으로 이해할 수 있다.

실제 구현에서는 이 활성화함수를 어떻게 정의하여 사용하느냐에 따라 다양한 신경망 모델을 설계할 수 있으므로, 목적에 맞는 함수를 선택하는 것이 중요하다. [그림 3]에는 주

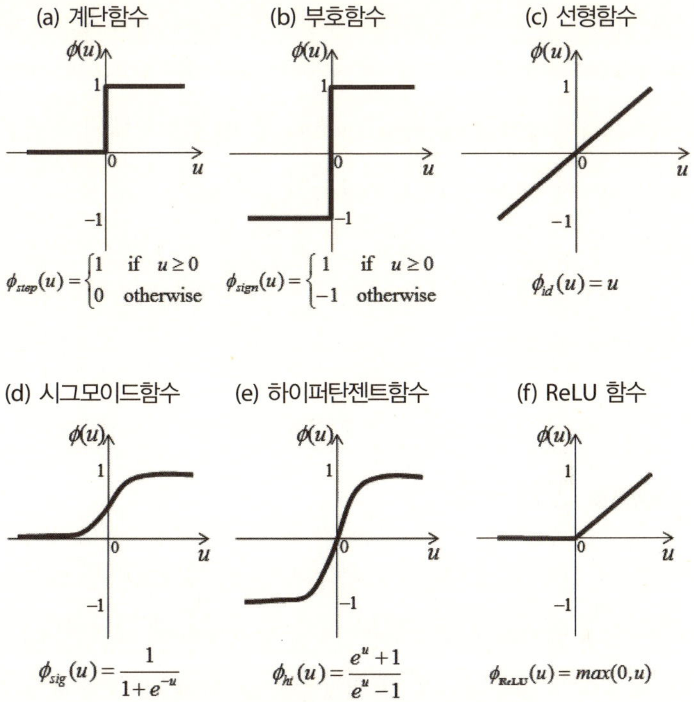

그림 3 다양한 활성화 함수의 정의와 형태

로 사용되는 다양한 활성화함수들의 정의를 그래프와 함께 나타내었다. (식 1)에서 정의된 계단함수(step function)가 가장 기본적인 형태이며, 출력 값을 0과 1이 아닌 −1과 1로 바꾼 부호함수(sign function)도 그와 유사하다. 이외에 가중 합을 그대로 출력으로 내보내는 선형함수(linear function)도 사용된다. 가장 널리 사용되는 것은 로지스틱 시그모이드함수(logistic sigmoid function)와 하이퍼탄젠트함수(hyper tangent function)이다. 이 두 함수는 계단함수나 부호함수와는 달리 미분 가능하다는 특성을 가지고 있으면서도 출력 값이 0에서

1사이(혹은 −1에서 1사이)로 제한되어 계단함수나 부호함수와 유사한 특성도 가진다. 이 밖에도 최근에 관심을 모으고 있는 심층신경망(deep neural network)에서는 정류된 선형함수(rectified linear unit)인 ReLU함수나 같은 층의 뉴런들의 출력 합이 1이 되도록 정규화한 소프트맥스(softmax)함수도 사용된다. 이에 대해서는 다음 절인 다층퍼셉트론에서 보다 자세히 알아본다.

1.2.2 연결 구조

활성화함수를 정의함으로써 하나의 신경세포에 대한 모델이 정립되면, 다음으로 신경망의 연결 구조에 대해 고려한다. 가장 대표적인 연결 구조인 층상구조는 [그림 4]와 같이 신경세포들이 층별로 그룹을 이룬다. 같은 층 안에서는 세포들 간의 연결이 존재하지 않고, 이웃한 두 층 사이에서는 모든 세포들이 연결을 가진다. 첫 번째 층이 외부로부터 입력을 받아들이는 입력층(input layer)이고, 마지막 층이 외부에 출력을 내는 출력층(output layer)이 된다. 가운데에 있는 층은 외부와는 정보를 교환하지 않으며 다른 신경세포들과만 입출력을 주고받는 은닉층(hidden layer)이다. 입력층과 출력층은 각각 하나씩 존재하지만, 은닉층은 1개 이상 여러 개가 존재할 수 있고, 각 층간 연결방식도 그림에서와 같이 완전연결(fully connected) 구조가 될 수도 있고 일부 인접한 세포들끼리만 연결되는 지역적 연결 구조를 가질 수도 있다.

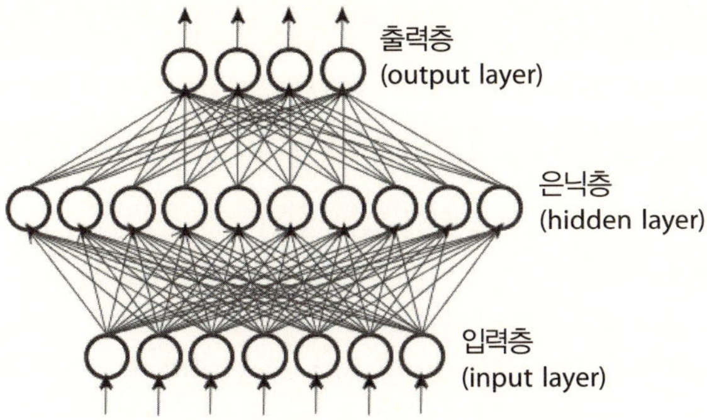

그림 4　층상구조로 연결된 신경망 구조

층상구조의 신경망에서 신호의 흐름은 일반적으로 입력층에서 출력층으로 한 방향으로만 흐른다. 즉, 입력층은 첫 번째 은닉층으로 입력 값을 주기만 하고, 다시 그 은닉층은 계산된 출력 값을 입력층으로 되돌리지는 않고 다음 층의 입력으로만 제공한다. 이와 같이 한쪽 방향만으로 정보의 흐름을 가진 신경망을 전방향신경망(feed forward neural network)이라고 한다. 그림에서는 화살표로 정보 흐름의 방향을 표시하였다.

전방향 다층 신경망(feed forward multi-layer neural network)이 가장 널리 사용되는 구조이기는 하지만 다양한 변형들 역시 존재한다. 출력층의 신호를 다시 입력층으로 되돌리는 회귀신경망(recurrent neural networks)이나 같은 층 내에서 상호 연결(lateral connection)을 허용하는 신경망도 존재하며, 층상구조를 이루지 않고 모든 뉴런들이 서로서로 연결되어 있는 구조를 가지는 신경망도 존재한다. 연결 구조가 달라지면 신경망이 수행할 수 있는 기능도 달라진다. 신경망의 다양한 연결 구조와 기능에 대해 알고 싶다면 참고문헌 [2,6]이 도움 될 것이다.

1.2.3 학습

신경망의 구조가 결정되고 나면, 이 신경망이 우리가 원하는 기능을 수행하게 하는 학습(learning) 방법에 대하여 생각해 보아야 한다. 인간이 출생 시에 이미 신경세포들이 모두 만들어져 있음에도 불구하고 걷거나 말하거나 글을 읽는 등의 기능을 수행하지 못하는 것은 신경세포들 간의 연결이 제대로 형성되지 않았기 때문이다. 성장 과정에서 시냅스가 형성되어 지능적인 처리를 할 수 있게 되는데, 이를 학습이라고 부른다.

인공 신경망의 경우에도 구조가 결정되면서 신경세포들의 수와 연결방식은 정해지지만, 그 상태로는 아직 우리가 원하는 일을 수행할 수 없다. 학습을 통해 적절한 연결 가중치가 정해질 때 비로소 우리가 원하는 일을 처리할 수 있다. 따라서 신경망의 학습 알고리즘이란 가중치를 변화시켜 적절한 값으로 최적화시키는 과정으로 볼 수 있다. 대부분의 학습 알고리즘은 한 번에 최적해를 찾을 수 없고, 반복적인 수행을 통해 점차적으로 최적 값에 가까워지도록 가중치를 수정하게 된다. 이때 가중치를 변화시키는 방법을 수학적으로 정의하면 다음과 같은 가중치 수정식의 형태로 나타낼 수 있다.

$$w(\tau + 1) = w(\tau) + \Delta w(\tau) \qquad \text{(식 2)}$$

현재 시점 τ에서의 가중치 값 $w(\tau)$가 새로운 값 $w(\tau + 1)$로 변화될 때의 변화량 $\Delta w(\tau)$를 결정하는 방식은 학습 알고리즘별로 다양한데, 모든 학습 알고리즘의 공통점은 주어진 데이터를 이용하여 변화량을 계산하는 식이 정의된다는 것이다. 결국 학습이란 임의의 가중치에서 시작하여 데이터를 이용해 가중치를 반복적으로 수정함으로써 원하는 신경망을 만들어 가는 과정이라고 볼 수 있다.

그렇다면 가중치 파라미터의 변화량 $\Delta w(\tau)$는 어떻게 결정할 수 있을까? 이를 결정하는 구체적인 학습 알고리즘은 신경망 모델에 따라 매우 다양하지만, 학습데이터의 구성 방식에 따라 크게 두 가지 부류로 나누어 볼 수 있다. 만약 특정 입력 $\boldsymbol{x}$에 대해 신경망이 계산해내기를 바라는 목표 출력 $\boldsymbol{t}$가 명확히 정해져 있다면 학습데이터 집합은 입출력 쌍 $(\boldsymbol{x},\boldsymbol{t})$를 원소로 가지게 되고, 신경망은 각각의 입력 $\boldsymbol{x}$에 대한 출력 $\boldsymbol{y} = \boldsymbol{f}(\boldsymbol{x})$가 최대한 $\boldsymbol{t}$에 비슷해질 수 있도록 가중치 파라미터 $\boldsymbol{w}$를 변화시키게 된다. 이러한 학습전략을 교사학습(supervised learning)이라고 하는데, 2절에서 살펴볼 다층퍼셉트론이 교사학습을 수행하는 대표적 신경망 모델이다.

그런데 문제에 따라서는 입력 $\boldsymbol{x}$에 대하여 원하는 출력 값이 정확히 정해지지 않는 경우도 존재한다. 예를 들어 신생아가 처음 눈을 떠서 받아들이는 시각적 자극들을 학습하는 상황을 생각해 보자. 이 경우는 문자인식과 같이 입력에 대하여 정확한 목표 출력 값이 정해진 것은 아니다. 하지만 뇌에서는 자극을 받아 시냅스를 조정하는 학습이 분주하게 일어나고 있을 것이며, 이를 통해 서서히 물체를 인식하고 엄마 얼굴을 알아보게 된다. 이렇게 입력에 대한 정확한 목표 출력이 없는 경우에도 신경망은 스스로 학습할 수 있는데, 이 경우 학습의 목적은 비슷한 입력에 대해서 일관된 출력을 낼 수 있도록 하는 것으로 정의할 수 있다. 이처럼 목표 출력 값이 없는 학습을 비교사학습(unsupervised learning)이라고 한다. 비교사학습을 수행하는 대표적인 신경망으로는 자기조직화특징맵(Self-organizing feature map, SOM)과 볼쯔만머쉰(Boltzmann machine)을 들 수 있다. 이 책에서는 지면 여건상 비교사학습 신경망 모델에 대해서는 다루지 않으나, 관심 있는 독자들은 참고문헌 [2,6]에서 자세한 정보를 얻을 수 있다.

지금까지 살펴본 바와 같이 신경회로망이란 인간의 뇌 구조를 본떠서 만든 계산 알고리즘으로, 어떤 문제를 해결하기 위하여 전체적인 일련의 처리 과정을 코딩하는 일반적 프로그램과는 달리, 학습이라는 과정을 통하여 원하는 기능을 수행하는 함수를 찾아가는 특성을 가지고 있다. 이과 같이 학습이라는 공통적인 특성을 가진 신경망들에도 매우 다양한 모델들이 존재하는데, 이들은 앞서 살펴본 세 가지 기본 요소인 신경세포의 활성화함수, 신경망구조, 학습 알고리즘이 어떻게 정해지는지에 따라 고유 모델로서의 특성이 결정된다. 이 책은 가장 대표적인 모델인 다층퍼셉트론만 다루지만, 다른 신경망 모델을 배우게 될 때에도 이 세 가지 요소에 초점을 맞추어 살펴보면 모델에 대한 이해를 높일 수 있을 것이다.

1.3 신경회로망의 활용

구체적인 신경망 모델에 대하여 알아보기에 앞서 거쳐야 할 마지막 단계로 신경회로망이 공학적인 문제해결에 어떻게 활용될 수 있는지에 대해 살펴보자. 신경망을 문제해결에 활용하고자 할 때에는 신경망이 사람의 뇌를 모방했다거나 신경세포들로 이루어진 복잡한 연결망이라거나 하는 사실들은 잠깐 잊고, 신경망을 단순히 주어진 입력에 대해 원하는 출력을 내는 하나의 함수로 바라볼 필요가 있다. [그림 5]와 같이 하나의 신경망은 입력 값 $\boldsymbol{x}$가 주어지면 정해진 계산에 의해 출력 값 $\boldsymbol{y}$를 도출하는 수학적 함수 $\boldsymbol{f(x)}$로 정의될 수 있다. 이때

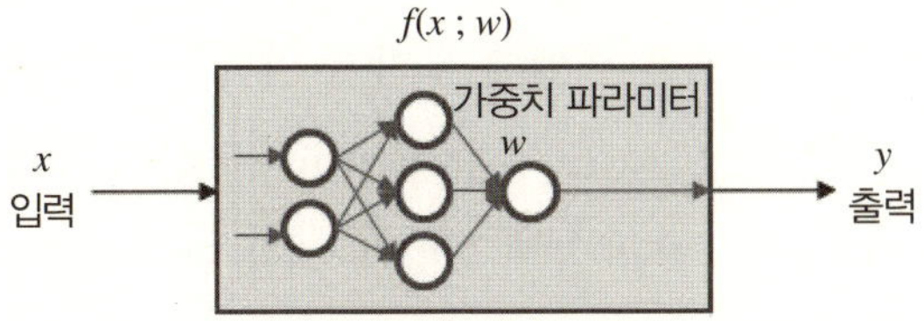

그림 5 함수로서의 신경망

우리가 원하는 것은 임의의 입력 x에 대해 신경망이 계산해 내는 출력 $y = f(x)$가 목표 출력 t에 최대한 가까워지는 것이다. 만약 원하는 입-출력 매핑을 계산하는 함수 f를 명확하게 수식이나 알고리즘으로 정의할 수 있다면 신경망이라는 복잡한 방법을 쓰지 않고 간단히 계산식을 코딩하면 될 것이다.

그렇지만 우리가 접하는 문제들 중에는 함수 $f(x)$의 정확한 정의는커녕 대략의 형태도 알 수 없는 것들이 허다하다. 예를 들어 손으로 쓴 숫자를 스캔하여 인식하는 문제를 생각해 보자. 이 경우 입력 x는 손으로 쓴 숫자 5를 스캔한 영상이 되고, 원하는 출력 y는 '5'라는 심벌이 될 것이다. 이러한 매핑이 가능한 함수 $f(x)$를 어떻게 정의할 수 있을까? 여기서 핵심은 단순히 현재 주어진 하나의 특정 영상패턴에 대해 5라는 출력을 내는 것이 아니라, 우리가 손으로 쓸 수 있는 모든 가능한 변형들에 대하여 동일하게 5라는 출력을 낼 수 있는 함수 $f(x)$를 찾아야 한다는 것이다. 이것이 어떻게 가능할 것인가? 잠깐 생각해 보아도 쉽게 답을 찾을 수 있는 문제가 아니라는 것을 알게 될 것이다. 신경망의 우수성은 여기에서 발휘된다. 인간이 학습을 통해 숫자를 배우듯이, 인간의 뇌 구조를 모방한 신경망도 학습을 통해 함수 $f(x)$를 찾아갈 수 있기 때문이다.

그렇다면 신경망은 어떻게 우리가 원하는 함수 $f(x)$를 찾아갈 수 있을까? 앞서 우리는 학습이라는 것이 '시냅스 연결 강도의 변화'라는 것을 알게 되었다. 이를 함수 $f(x)$의 측면에서 설명하면, 신경세포 개개의 기능(활성화함수)과 신경망의 구조가 정해지면, 이를 이용하여 기본적인 함수식의 형태를 정의할 수 있는데, 이때 각각의 신경세포에 붙어있는 가중치 w의 값은 아직 정해지지 않은 상태이다. 이 가중치들의 값에 따라 최종적으로 신경망이 계산하는 출력 값이 달라지므로, 결국 함수 $f(x)$의 구체적인 형태를 결정하는 것은 가중치 파라미터 w가 된다. 학습이란 함수 $f(x)$가 원하는 출력을 낼 수 있도록 하는 최적의 가중치 파라미터를 찾는 과정이 된다. 1.2.3절에서 간단히 설명한 것과 같이 학습 방법은 학습데이터의 구성에 따라 교사학습과 비교사학습으로 나눌 수 있다. 구체적인 알고리즘에 대해서는 2절에서 다루며, 여기서는 교사학습을 하는 신경망을 어떻게 활용할 수 있는지 잠깐 살펴본다.

교사학습은 각 입력 값 x에 대한 목표 출력 값 t가 함께 주어지는 방법을 말하였다. 활용의 측면에서 볼 때에는 목표 출력 값 t의 특성에 따라 교사학습이 적용되는 문제를 두 가지 부류로 나눌 수 있는데, 회귀(혹은 예측)문제와 분류(혹은 인식)문제가 그것이다. 회귀(regression)문제는 t가 임의의 실수 값을 갖는 경우로, 입력 x에 대한 임의의 실수 값 y를 매핑할 수 있는 함수를 신경망으로 정의한 후, 학습데이터를 이용하여 최대한 가까운 출력 값을 내는 함수근사(approximation)하는 것이 목적이 된다. 예를 들어 특정 지역의 공기 상태에 영향을 주는 요인들(기온, 배기가스량, 주변지역의 일기상태 등)이 입력으로 주어졌을 때 미세먼지 농도를 출력 값으로 주는 함수를 찾는 문제의 경우, 원하는 출력 값이 실수 값이 되므로 회귀 문제에 해당한다. 또한 과거의 데이터(입력 값들과 미세먼지 농도 값의 쌍으로 관찰된 값들)를 이용하여 학습을 통해 매핑 함수 $f(x)$를 찾고 나면, 결국 이를 이용하여 새로운 시점에서의 입력에 대해 정확한 출력 값의 예측이 목적이 되므로 예측(prediction) 문제라고도 볼 수도 있다.

이와 달리 분류(classification)문제는 입력 x가 여러 부류의 클래스들 중 어디에 속하는지를 나타내는 클래스 라벨을 출력하는 것을 원하므로, 결국 출력 값 t는 실수 값이 아닌 연속하지 않은 정수 값이 된다. 예를 들어 입력으로 숫자 5의 영상이 주어졌을 때, 원하는 출력 값은 0부터 9까지 10개의 클래스 중 여섯 번째 클래스에 해당됨을 나타내는 클래스 라벨(예를 들어 정수 6)이 된다. 이처럼 분류 문제는 입력 데이터를 몇 가지 정해진 패턴으로 구분하여 인식해 내는 문제가 되므로 인식(recognition) 문제라고도 볼 수 있다.

신경망의 뛰어난 장점은 우리가 풀고자 하는 문제가 분류이든 회귀이든 또 학습해야 하는 함수 $f(x)$가 어떤 형태를 가지든 상관없이 데이터만 충분히 제공하면 스스로 학습을 통해 원하는 함수(정확히 말하면 가중치 값)를 찾아 줄 수 있다는 것이다. 그럼에도 굳이 여기서 분류와 회귀문제를 나누어 설명하는 이유는 이 차이점을 잘 이용하여 학습에 적용하면 보다 좋은 성능을 가진 신경망을 만들 수 있기 때문이다. 이 책의 뒷부분에서는 이 두 부류의 문제에 대해 실습을 통해 차이점을 알아본다.

제 2 장

대표적 신경망: 다층퍼셉트론

2.1

다층퍼셉트론의 연결구조

이 장에서는 가장 많이 활용되고 있는 신경망 모델인 다층 퍼셉트론에 대하여 알아볼 것이다. 앞 절에서 기술한 것과 같이 하나의 신경망 모델을 이해하기 위해서는 세 가지 구성요소를 살펴보면 된다. 신경세포의 계산식, 신경망의 연결 구조, 그리고 학습 알고리즘이 그것이다. 우선 연결 구조부터 알아보면, 이름에서 연상되듯이 다층 퍼셉트론은 [그림 6]과 같이

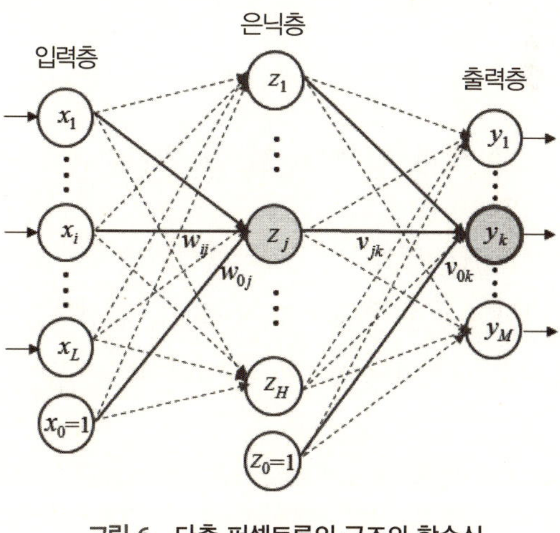

그림 6　다층 퍼셉트론의 구조와 함수식

1개 혹은 그 이상의 은닉층을 가지는 다층 전방향신경망의 구조를 가지고 있다. 그림에서는 L개의 신경세포를 가지는 입력층, H개의 신경세포를 가지는 1개의 은닉층, 그리고 M개의 신경세포를 가지는 출력층으로 구성된 다층 퍼셉트론을 나타내었다. 이때 각각의 신경세포들은 정해진 계산을 수행하는 일종의 간단한 계산 유닛으로 볼 수 있다. 그런 의미에서 신경세포라는 표현 대신 '유닛'이나 '노드'라는 표현을 주로 사용한다.

신경세포(노드)가 수행하는 계산은 각각이 속하는 층의 종류에 따라 달라지는데, 입력층에 속하는 노드들의 경우에 단순히 하나의 입력을 다음 층으로 전달해 주는 역할만을 수행하는 일종의 변수라고 보는 것이 적절하다.[1] 입력층으로부터 입력 값 $x_i(i = 1 \ldots L)$들이 주어지면 실질적인 계산은 은닉층의 노드들에서 수행되기 시작하는데, 각각의 은닉노드들은 먼저 입력 값(x_i)들에 가중치를 곱하여 합한 후 활성화함수를 통과 시켜 출력 $z_i(j = 1 \ldots H)$를 얻게 되므로, 다음과 같은 식으로 표현할 수 있다.

$$z_j = \phi_h\left(u_j^h\right) = \phi_h\left(\sum_{i=1}^{L} w_{ij}x_i + w_{0j}x_0\right) \qquad \text{(식 3)}$$

이 식에서 w_{ij}는 i번째 입력 노드에서 j번째 은닉 노드로의 연결 가중치이고, ϕ_h는 은닉 노드가 가지는 활성화함수로 구체적인 함수식은 사용자가 정의할 수 있다. 주로 사용되는 함수

1) 결국 실질적으로 계산을 수행하는 것은 은닉층과 출력층뿐이고, 이런 측면에서 은닉층 없이 출력층만 존재하는 경우를 단층퍼셉트론(single layer perecptron) 혹은 퍼셉트론이라고 부른다.

로는 1.2.1절에서 정의한 로지스틱 시그모이드나 하이퍼탄젠트 함수가 있다. 활성화함수에 주어지는 입력 값에 해당하는 u_j^h는 j번째 은닉 노드가 받아들이는 모든 입력들의 가중 합에 해당된다. 이때 가중 합의 마지막 항으로 더해진 $w_{0j}x_0$는 바이어스라고 부르는 항으로, 다른 입력들과는 달리 x_0는 항상 1의 값을 가진다. 바이어스 항에 포함된 가중치 w_{0j}에 따라 해당 노드가 의미 있는 값을 가지는 입력 공간의 영역이 정해지게 되는데 뒤에서 간단한 예를 살펴볼 것이다.

이상과 같은 계산을 통해 각각의 은닉 노드들이 출력 값을 계산하고 나면, 다음으로 출력층의 노드들이 그 값을 입력으로 받아 계산을 수행한다. 출력 노드의 출력 값 $y_k(k = 1 \ldots M)$은 은닉층과 유사하게 다음과 같은 식으로 정의될 수 있다.

$$y_k = \phi_o\left(u_k^o\right) = \phi_o\left(\sum_{j=1}^{H} v_{jk} z_k + v_{0k} z_0\right) \qquad \text{(식 4)}$$

이 식에서 v_{jk}는 j번째 은닉 노드에서 k번째 출력 노드로의 연결 가중치이고, $v_{0k}z_0$는 은닉층의 경우와 유사한 바이어스 항으로 z_0도 항상 1의 값을 가진다. 출력 노드의 활성화함수 ϕ_o도 사용자가 목적에 맞게 정의할 수 있는데, 일반적으로 분류 문제의 경우 로지스틱 시그모이드함수나 하이퍼탄젠트를 사용하며, 회귀 문제의 경우는 선형함수를 사용한다. 또한 분류 문제의 경우 학습 속도와 분류 성능을 높이기 위하여 소프트맥스(softmax)함수를 사용하는 경우도 있다. 소프트맥스 함수에 대한 자세한 정보는 참고문헌 [1,4]를 참조하기 바라며, 4장의 실습부분에서 한 번 더 언급한다.

이렇게 정의된 각각의 노드들이 서로 연결되면 L개의 입력으로 이루어진 입력 벡터 $\boldsymbol{x} = [x_1,...,x_L]$에서 M개의 출력으로 이루어진 출력 벡터 $\boldsymbol{y} = [y_1,...,y_M]$으로의 매핑함수 벡터 $\boldsymbol{f}(\boldsymbol{x}) = [f_1(\boldsymbol{x}), f_2(\boldsymbol{x}),...,f_M(\boldsymbol{x})]$가 결정되는데, k번째 출력 노드 값의 계산에 관여하는 모든 수식들을 합하여 나타내면 다음과 같다.

$$\begin{aligned} y_k = f_k(\boldsymbol{x},\boldsymbol{\theta}) &= \phi_o\left(\sum_{j=1}^{H} v_{jk}z_j + v_{0k}\right) \\ &= \phi_o\left(\sum_{j=1}^{H} v_{jk}\phi_h\left(\sum_{i=1}^{L} w_{ij}x_i + w_{0j}\right) + v_{0k}\right) \end{aligned} \quad (\text{식 } 5)$$

한 눈에 보아도 매우 복잡한 형태의 함수가 만들어짐을 알 수 있다. 이해를 돕기 위해 각 노드들의 출력 값을 중심으로 식을 약간 분리해 보면 다음과 같이 4개의 계산식으로 나타낼 수 있다.

$$\begin{aligned} u_j^h &= \sum_{i=1}^{L} w_{ij}x_i + w_{0j}, \quad z_j = \phi_h(u_k^h), \\ u_k^o &= \sum_{j=1}^{H} v_{jk}z_j + v_{0k}, \quad y_k = \phi_o(u_k^o) \end{aligned} \quad (\text{식 } 6)$$

여기서 j번째 은닉 노드로의 가중 합 u_j^h와 출력 값 z_j, 그리고 k번째 출력 노드로의 가중 합 u_k^o와 출력 값 y_k는 모두 입력 노드들의 값(x_i, $j = 1 ... L$)이 주어지면 계산에 의해 얻어지는 상수 값이다. 결국 함수의 형태를 결정해주는 중요한 역할을 하는 파라미터들은 가중치들인 w_{ij}, v_{jk}($i = 0 ... L$, $j = 0 ... H$, $k = 1 ... M$)이고, 이들을 모두 모아 이루어진 파라미터 벡터를

(식 5)에서 $\boldsymbol{\theta}$로 나타내었다. 이 파라미터 $\boldsymbol{\theta}$가 신경망이 만들어 내는 함수의 구체적인 형태를 결정해 주는 핵심 요소가 되며, 우리가 원하는 파라미터 값을 찾아가는 과정이 바로 학습이다.

그렇다면, 파라미터의 값에 따라 달라지는 신경망이 만들어 내는 함수는 과연 어떤 모양을 가질 수 있을까? 직관적인 이해를 돕기 위해 아주 간단한 신경망의 예를 들어보자. (식 7)에 입력 노드 1개, 은닉 노드 2개, 출력 노드 1개를 가진 간단한 신경망이 만들어 내는 함수식을 나타내었다.

$$\begin{aligned} y &= v_1 z_1 + v_2 z_2 + v_0 \\ &= v_1 \tanh(w_{11} x_1 + w_{01}) + v_2 \tanh(w_{12} x_1 + w_{02}) + v_0 \end{aligned} \qquad \text{(식 7)}$$

식에서도 확인할 수 있듯이 은닉 노드의 활성화함수는 tanh 하이퍼탄젠트를 사용하였으며, 출력 노드의 활성화함수는 선형함수를 사용하였다. 이 함수는 1차원 함수 $y = f(x)$가 되므로 그 형태를 그래프로 그려볼 수 있다. [그림 7]은 가중치에 따라 함수의 형태가 어떻게 변하는지를 보여주고 있다. 가중치가 작을 때 선형함수와 유사한 형태(그림 11의 (b) 참조)를 가지는가 하면, 가중치가 커지면 계단함수와 유사한 형태 (d)를 가질 수도 있다. 또한 같은 가중치라도 바이어스라고 불리는 특별한 항의 가중치 w_{01}, w_{02}, v_0을 변화시켜 결합함으로써 종모양의 대칭함수(a)를 만들 수도 있다.

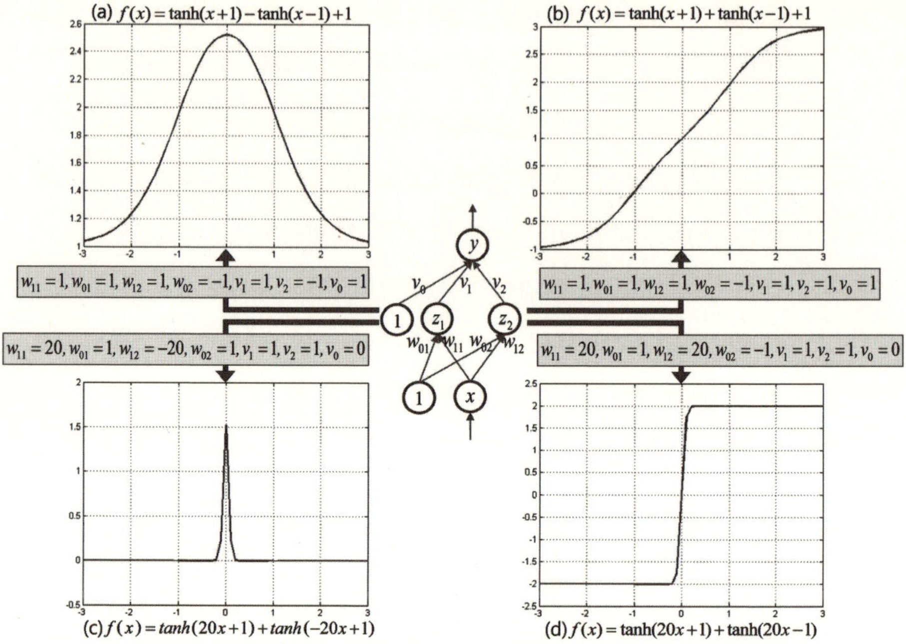

그림 7 두 은닉 뉴런의 가중 합에 의해 만들어지는 다양한 함수 형태

이처럼 정해진 연결 구조에서 가중치만을 변화시켜도 무궁무진한 형태의 함수들을 자유롭게 표현할 수 있는 것은 신경망이 가지는 실로 놀라운 능력이라고 할 수 있다. 이 능력은 이론적으로도 증명되어 있는데, 은닉 노드의 수가 충분히 주어지기만 하면 어떠한 연속함수도 원하는 오차만큼 가깝게 근사해 낼 수 있음이 증명되어 있다.[2] 사실 신경망이라는 계

2) 증명에 관하여서는 유명한 논문 [3]을 참고하기 바란다.

산 모델이 만들어진 것은 1950년대이고 그 놀라운 근사 능력이 이론적으로 증명된 것도 30년 이전의 일이다. 그럼에도 불구하고 오랫동안 신경망을 활용하여 문제를 푸는 사람들이 성공적인 결과를 얻지 못하고 좌절하였던 이유는 원하는 형태를 만들어 주는 최적의 가중치 값 $\boldsymbol{\theta}^*$를 찾는 것이 결코 쉽지 않기 때문이다. 그러나 80년대 후반에 훌륭한 학습 알고리즘인 오류역전파 알고리즘이 발표되고, 이후 여러 학자들의 노력으로 개선이 거듭되었으며, 또한 컴퓨팅 능력의 눈부신 발전 등이 결합되어 최근에 딥러닝이라는 이름으로 새롭게 각광받게 되었다. 이 책에서는 그 기본이 되며 현재 딥러닝에서도 사용되고 있는 오류역전파 학습 알고리즘에 대해 자세히 알아본다.

2.2
오류역전파 학습 알고리즘

다층 퍼셉트론의 학습 알고리즘은 교사학습의 부류에 속한다. 교사학습을 수행하기 위해서는 먼저 다층 퍼셉트론이 학습을 통해서 찾아야 하는 목표 출력($\boldsymbol{t}$)이 주어져야 하므로, 학습 데이터 집합은 N개의 입출력의 순서쌍 $X = \{(\boldsymbol{x}_i, \boldsymbol{t}_i)\}(i = 1, ..., N)$으로 주어진다. 각 학습 데이터의 입력 값들($\boldsymbol{x}_i$)이 주어졌을 때, M개의 출력 노드를 가지는 신경망이 내는 출력 벡터 $\boldsymbol{y}_i = [y_1^i, y_2^i, ..., y_k^i, ..., y_M^i]$가 목표 출력벡터 $\boldsymbol{t}_i = [t_1^i, t_2^i, ..., t_k^i, ..., t_M^i]$에 가까워지는 것이 학습의 목적이 되므로, 이를 다음 식과 같이 오차 함수 형태로 정의할 수 있다.

$$E(X,\boldsymbol{\theta}) = \frac{1}{2N}\sum_{i=1}^{N} e(\boldsymbol{x}_i,\boldsymbol{\theta}) \qquad \text{(식 8)}$$
$$= \frac{1}{2N}\sum_{i=1}^{N}\sum_{k=1}^{M}(t_k^i - y_k^i)^2 = \frac{1}{2N}\sum_{i=1}^{N}\sum_{k=1}^{M}(t_k^i - f_k(\boldsymbol{x}_i,\boldsymbol{\theta}))^2$$

이 식에서 $e(\boldsymbol{x}_i, \boldsymbol{\theta})$는 i번째 데이터의 입력 $\boldsymbol{x}_i$에 대해 파라미터 $\boldsymbol{\theta}$를 가진 신경망이 가지는 오차로, 각 출력 노드의 출력 값 y_k^i와 목표 출력 값 t_k^i의 차를 제곱하여 모두 더한 값

$\Sigma_{k=1}^{M}(t_k^i - y_k^i)^2$이 된다. 결국 전체 데이터 집합에 대한 오차함수 $E(X, \boldsymbol{\theta})$는 각 데이터에 대한 오차 $e(\boldsymbol{x}_i, \boldsymbol{\theta})$를 모두 합하여 데이터의 수로 나눈 평균값으로 정의되는데, 이를 평균제곱오차(MSE, mean squared error)라고 한다.[3] 이렇게 함수가 정의되면, 우리는 이 오차를 파라미터 $\boldsymbol{\theta}$에 대한 함수 $E(\boldsymbol{\theta})$로 보고, 이 함수 값을 최소로 하는 최적의 파라미터 값을 학습을 통해 찾을 것이다.

학습을 수행하기에 앞서 오차함수가 어떤 형태를 가지는지 생각해 보자. 다층 퍼셉트론에 의해 정의되는 함수 $\boldsymbol{f}(\boldsymbol{x}, \boldsymbol{\theta})$는 식 (5)에서 살펴본 바와 같이 복잡한 비선형함수이므로, 결과적으로 오차함수 $E(\boldsymbol{\theta})$도 [그림 8]에 나타난 것과 같이 매우 복잡한 형태의 비선형함수가 될 것이다.[4] 이렇게 비선형적

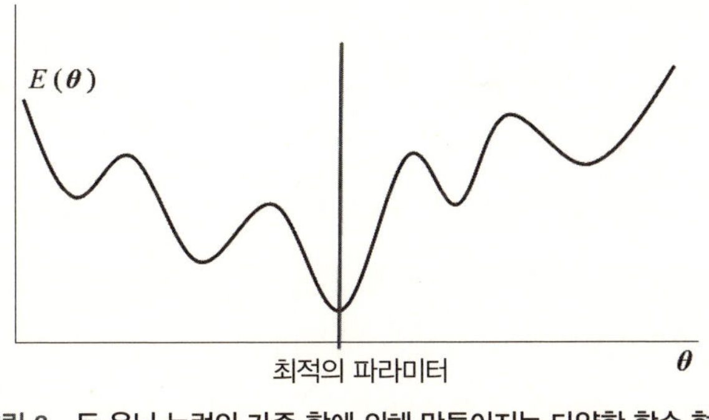

그림 8 두 은닉 뉴런의 가중 합에 의해 만들어지는 다양한 함수 형태

---

3) 수식 앞부분에 붙어 있는 계수 1/2은 학습식의 유도가 간단해지도록 추가한 것으로 큰 의미는 없다.

4) 실제로는 1차원 함수가 아닌 파라미터의 개수에 의존하는 고차원 공간상에 정의되는 초평면함수가 되겠지만, 직관적인 이해를 돕기 위해 특정 차원만을 따서 살펴보는 것으로 이해하면 된다.

인 함수의 최솟값을 찾아가는 반복적 알고리즘으로 기울기 강하 학습법(gradient descent learning method)이 있다. 기울기 강하 학습법은 최적화 분야에서 오래전부터 사용되어 오던 방법이나, 이를 다층 퍼셉트론에 적용하여 실제 구현 가능한 알고리즘으로 만든 것이 잘 알려진 오류역전파 학습 알고리즘(error backpropagation learning algorithm)이다. 이 책에서는 기울기 강하 학습법의 개념에서 접근하여 오류역전파 알고리즘을 알아본다.

[그림 9]에는 기울기 강하 학습법의 기본적인 개념을 나타내었다. 기울기 강하 학습법은 반복 알고리즘으로, 한 번에 전체 탐색 공간에 대한 최적해를 찾는 대신 어떤 시점 τ에서의 파라미터 $\boldsymbol{\theta}^{(\tau)}$에서 그 주변의 정보를 바탕으로 오차 값을 감소시킬 수 있는 방향 $\Delta\boldsymbol{\theta}$를 찾아 수정된 파라미터 $\boldsymbol{\theta}^{(\tau+1)}$을 얻는 과정을 여러번 반복하여 조금씩 해에 접근해 가는 방법이다. 전체 탐색 공간에 대한 오차 함수가 [그림 8]과 같이 복잡한 비선형함수라 하더라도, 현재 파라미터 $\boldsymbol{\theta}^{(\tau)}$의 주변에서는 [그림 9]와 같이 간단한 구조를 가진다고 가정할 수 있다. 이러한 가정이 사실이라면, 오차 값을 감소시키는 방향은 오차 함수를 편미분해서 얻게 되는 기울기 방향에 의존한다. 즉, 현 시점에서의 점선의 기울기 방향을 살펴보아서 내리막이 되는 방향(즉, 기울기 방향의 반대)으로 파라미터를 수정한다. 이 정보는 어디까지나 현재 파라미터의 주변에서만 유용한 값이므로, 한 번에 큰 폭으로 수정하는 것은 불가능하며 조금씩 수정해 나가야 한다. 이 전략을 수식으로 나타내면 다음과 같다.

$$\theta^{(\tau+1)} = \theta^{(\tau)} + \Delta\theta^{(\tau)} = \theta^{(\tau)} - \eta\frac{\partial E(\theta^{(\tau)})}{\partial \theta} \qquad \text{(식 9)}$$

여기서 잠깐, 앞에서 살펴본 신경망의 학습 식(식 2)을 떠올려 보자. (식 2)에서 시냅스 연결 강도의 수정치 $\Delta w_i(\tau)$가 (식 9)에서는 $\Delta\boldsymbol{\theta}^{(\tau)}$로 다르게 표현된 것뿐이라는 사실을 눈치챘다면, 다층퍼셉트론의 학습에서 가중치 수정을 위한 전략은 결국 '오차함수의 기울기를 이용하는 것'이라는 사실을 간파할 수 있을 것이다. 이때 상수 값 η는 학습의 속도를 조정하는 작은 실수 값으로, 학습률(learning rate)이라고 부른다. η값이 크면 학습 속도가 빨라지지만 학습이 불안정해지고, 반대로 그 값이 작으면 안정적으로 학습 가능하나 속도가 느려지는 문제가 있다. 따라서 문제에 적합한 값을 정하여 학습 속도를 적절히 조정해 주어야 한다. 4절에서는 실제 사례에서 사용되는 값을 소개한다.

지금까지 살펴본 것이 다층퍼셉트론이 수행하는 학습 알

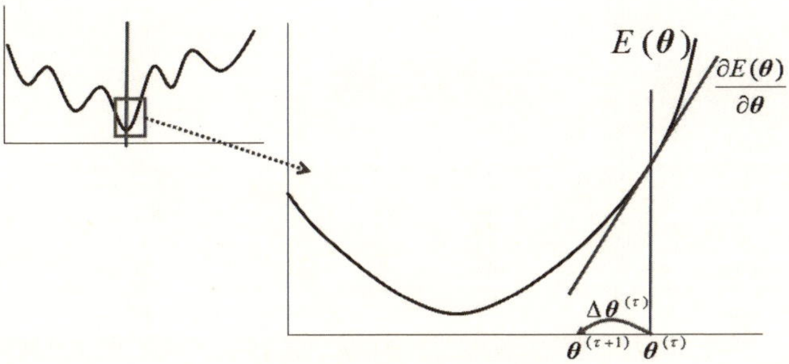

그림 9 기울기 강하 학습법

고리즘의 수학적 개념이다. 구체적인 알고리즘을 얻기 위해서는 복잡한 함수식으로 정의되는 오차함수 $E(\boldsymbol{\theta})$를 미분해 가는 지루하고 머리 아픈 과정이 요구된다. 신경망 알고리즘을 제대로 이해하고 자유자재로 다루기 위해서는 이 과정에 대한 이해가 반드시 필요하지만, 주어진 소프트웨어 패키지를 이용하여 간단한 분석 실험을 하고자 하는 독자들은 피해가도 좋을 과정이다. 따라서 이 책에서는 알고리즘의 유도 과정을 부록에 수록해 관심 있는 독자들만 참고할 수 있도록 구성하였고, 본문에서는 전체적으로 학습 알고리즘이 어떤 단계를 통하여 수행되는지를 도식화하여 [그림 10]에 나타내는 것으로 대신한다.

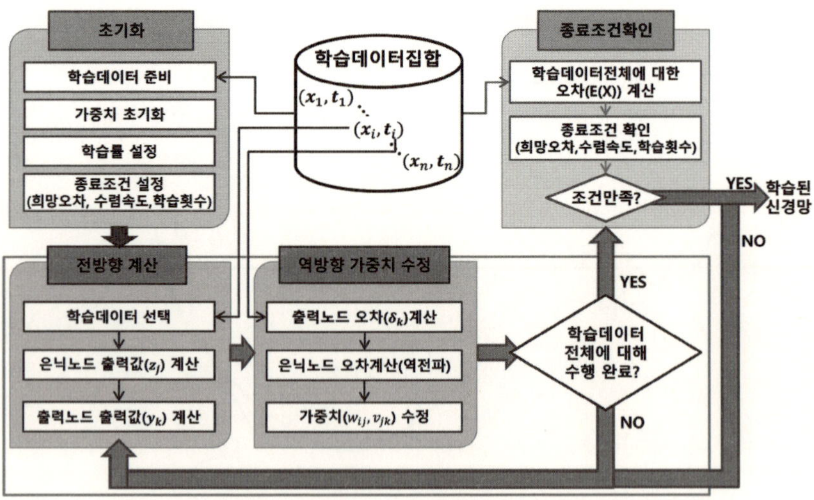

그림 10 오류역전파 학습 알고리즘의 수행 과정

[그림 10]에 나타난 것처럼, 학습의 과정은 크게 초기화, 전방향 계산, 역방향 가중치 수정, 종료 조건 확인의 네 단계로 나눌 수 있다. 초기화는 본격적으로 학습을 수행하기 전에 사용자가 결정해 주어야 할 여러 가지 초기 값을 부여하는 단계로, 학습용 데이터의 준비, 가중치의 초기화, 학습률과 종료 조건 결정 등이 이 단계에서 할 일이다. 종료 조건으로는 원하는 오차 수준과, 이에 도달하지 않았지만 오차가 더 이상 줄지 않을 때에도 멈출 수 있도록 수렴 속도나 최대 학습 횟수 등의 제한 조건도 함께 정해주어야 한다. 구체적인 값들은 문제에 따라 달라지므로 2.3절과 이어지는 장에서 알아본다.

두 번째와 세 번째 단계가 본격적으로 학습이 진행되는 과정으로, 모든 학습 데이터에 대하여 반복적으로 수행된다. 하나의 학습 데이터가 선택되었을 때, 전방향 계산 단계에서 먼저 해당 입력에 대한 신경망의 출력을 계산하는데, (식 6)에 주어진 4가지 값(은닉 노드 가중 합과 출력 값, 출력 노드의 가중 합과 출력 값)을 순서대로 계산하여 얻어지므로 전방향 계산이라고 한다. 이어서 역방향 가중치 수정 단계에서는 전방향 계산으로 얻어진 출력 값과 목표 출력 값을 비교하여 오차를 계산한 후, 이를 감소시키는 방향으로 가중치를 수정한다. 이때는 목표 출력 값과 바로 비교할 수 있는 출력 노드의 오차가 먼저 계산되고, 이 오차가 거꾸로 전파되어 은닉 노드의 오차가 계산되므로 역방향 가중치 수정 단계라고 한다. 이렇게 모든 학습 데이터들에 대해 전방향 계산과 역방향 수정 단계를 한 번씩 적용한 것을 한 번의 학습 에포크(epoch)라고

하며, 한 에포크가 끝나면 네 번째 단계로 넘어간다.[5]

네 번째 단계에서는 지금까지의 학습을 통해 우리가 원하는 신경망이 얻어졌는지를 확인하기 위해 학습 데이터 전체에 대한 오차 값을 계산한다. 계산된 오차 값이 초기화 단계에서 설정한 희망오차보다 작으면 학습을 완료하며, 그렇지 않은 경우 다시 두 번째 단계부터 시작하여 전체 학습 데이터를 한 번 더 학습하게 된다. 이렇게 반복적으로 많은 수의 에포크를 수행했음에도 불구하고 학습이 더 이상 진행되지 않는다면, 학습을 종료하고 초기 조건을 바꾸어 다시 시도해 보아야 한다. 이를 위해서 희망오차 이외에도 최대 학습 에포크 수나 학습 오차의 감소율에 대한 한계 값을 종료 조건으로 두어, 이 조건이 만족되면 학습을 종료하도록 설정해 두어야 한다.

이상과 같이 진행되는 다층퍼셉트론의 학습 알고리즘을 오류역전파 학습 알고리즘이라고 부르는데, 그 이유는 세 번째 단계에 숨어 있다. 세 번째 단계에서는 전방향 계산 단계에서 얻어진 각 노드의 출력 값에 대한 오차를 계산한 후, 이것이 줄어드는 방향으로 가중치를 수정한다. 즉, 출력 값 y_k와 목표 출력 값 t_k의 차이 $(y_k - t_k)$가 k번째 출력 노드에 연결된 가중치들 $(v_{jk}, j = 1...H)$의 수정에 필요한 중요 정보가 되는 것이다. 그렇다면 여기서 의문이 생기지 않는가? 출력 노드의 경우, 목

5) 여기서는 하나의 데이터가 주어질 때마다 전방향 계산과 역방향 수정을 각각 수행하는 방식으로 알고리즘을 구성하였는데, 이를 온라인 학습이라고 한다. 이와 달리 모든 데이터들에 대하여 먼저 전방향 계산을 통해 출력 값들을 계산하고, 이들과 목표 출력 값들의 차이를 모두 합한 오차가 줄어드는 방향으로 한 번에 가중치를 수정할 수도 있는데, 이를 배치학습이라고 부른다.

표 출력 값이 있으므로 그로부터 계산되는 오차정보 $y_k - t_k$를 해당 가중치들의 수정에 사용할 수 있지만, 은닉 노드의 경우에는 목표 출력 값이 따로 주어지지 않기 때문에 오차 정보를 얻는 것이 불가능하다. 이 문제에 대한 해결책이 바로 '오류를 역전파시키는 것'이다. 각각의 출력 노드가 가지는 오류를 δ_k라고 한다면, 이 정보를 거꾸로 은닉 노드로 전파시킨다. 즉, j번째 은닉 노드 z_j의 오류는 그것과 연결된 출력 노드들의 오류(δ_k, $k = 1...M$)에 가중치(v_{jk}, $k = 1...M$)를 곱한 형태로 역전파되어 오는 오류를 모두 합한 값으로 계산된다. 이렇게 은닉층의 각 노드에 대한 오류가 정해지면 이를 이용하여 관련된 가중치 w_{jk}를 수정할 수 있다. 이러한 방식대로 하면 은닉층의 개수에 상관없이 출력층에서 시작하여 입력층의 방향으로 계속 오류를 역전파시켜서 학습을 수행할 수 있다. 자세한 계산식은 부록에 설명하며, 여기서는 이러한 과정을 [그림 11]에 개념적으로 나타내었다.

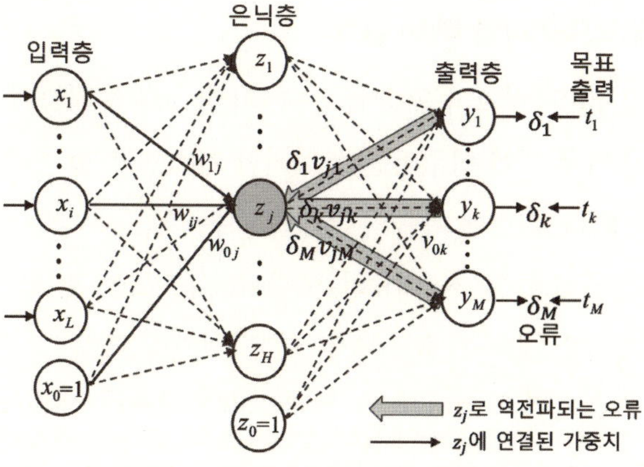

그림 11 은닉층으로의 오류 역전파 과정

2.3 다층퍼셉트론 설계 시 고려사항

2.3.1 학습 전략

앞 절에서 살펴본 오류역전파 알고리즘은 다층 퍼셉트론 학습을 위한 가장 기본적인 알고리즘이다. 실제 응용문제에서 다층 퍼셉트론의 학습을 수행할 때에는 여러 가지 사항들을 고려하여 치밀한 학습 전략을 세울 필요가 있다. 이 절에서는 주요한 몇 가지 사항에 대해 팁을 제공한다.

학습 모드(온라인/배치) 설정

[그림 10]의 알고리즘에서는 하나의 데이터에 대하여 한 번의 가중치 수정이 이루어진다. 이러한 학습 모드를 온라인 모드라고 한다. 그런데 학습의 본래 목적은 학습 데이터 집합 전체에 대한 오류를 최소화 하는 것이므로, 이를 위해서는 모든 데이터에 대해 가중치 수정 항을 계산한 다음 그 평균값으로 가중치를 수정하는 것이 원칙이다. 이러한 학습 모드를 배치모드라고 하는데, 이 경우에는 학습 데이터가 많아지면

한 번 가중치를 수정하기 위해 필요한 계산량이 많아져 시간이 지나치게 많이 걸릴 뿐 아니라, 만족스럽지 못한 지역 극소에 빠지기 쉽다. 온라인 모드의 경우 대체적으로 배치모드보다도 빠르게 오차가 줄어드는 것으로 알려져 있어 주로 사용되고 있다. 최근에는 규모가 방대한 빅데이터를 학습하는 경우도 종종 발생하는데, 이때는 온라인 모드와 오프라인 모드를 결합한 미니 배치 모드를 사용한다. 즉, 학습 데이터를 작은 단위(예를 들어 50~100개)로 묶어서 100개의 데이터에 대해서 수정항을 계산한 다음 한 번 가중치를 수정하는 식으로 학습을 진행한다.

초기 조건 설정

[그림 10]에 나타난 학습 알고리즘의 초기화 단계에서 가중치 초기 값을 설정할 때 주의할 점은 되도록 작은 범위(예를 들어 −0.2에서 0.2)에서 랜덤하게 선택해야 한다는 것이다. 초기 값이 너무 크면 셀 포화(cell saturation)로 인해 학습이 마비되는 현상이 발생하기 쉽기 때문이다. 학습률도 수렴 속도에 많은 영향을 미치는데, 지나치게 크면 오차가 오히려 증가하는 현상이 발생하며, 너무 작으면 가중치 수정 폭이 작아서 학습이 오래 걸린다. 적절한 학습률은 응용문제와 신경망 구조에 따라 달라지지만, 일반적으로 1보다 작은 값에서 시작하여 시행착오를 거쳐 조정한다. 보다 좋은 수렴 성능을 얻기 위해서는 학습의 초기 단계에는 큰 학습률을 쓰고 학습이 진행됨에 따라 차차 줄여가는 적응적 학습률을 사용하기도 한다.

은닉 노드의 수

입력층과 출력층의 노드 수는 학습 데이터가 주어지면 그에 맞추어서 결정이 되지만, 은닉층의 노드 수는 사용자가 선택해 주어야 하는 값이다. 적절한 은닉 노드의 수는 문제에 따라 달라지므로 명확한 결정 규칙은 존재하지 않는다. 다만, 은닉 노드의 수가 많아질수록 신경망이 표현할 수 있는 함수가 복잡해지므로, 가능한 많은 수의 노드를 사용하는 것이 권장된다. 물론 노드의 수가 많아지면 계산양이 증가하므로 계산 비용도 함께 고려하여 적절한 수를 선택해야 할 것이다. 한 가지 더 주의할 점은, 노드 수가 많아지면 계산양이 증가할 뿐 아니라 학습된 신경망이 새로운 데이터에 대해 제대로 된 결과값을 주지 못하는 과다 적합 현상이 발생할 수 있다는 것이다. 이 문제와 해결방안에 대해서는 2.3.4절에서 다시 설명한다.

오차함수의 변경

해결하고자 하는 문제의 특성에 맞추어 오차함수를 새롭게 정의하는 방법은 꽤 창의적이고 적극적인 학습전략이다. 특히 분류 문제의 경우에는 평균제곱 오차가 아닌 크로스엔트로피 오차를 사용하는 것이 수렴 속도를 빠르게 하고 분류 성능을 높인다고 알려져 있으며, 그 효과가 분명하여 최근에는 R을 비롯한 많은 신경망 소프트웨어 패키지에서 기본으로 제공하고 있다. 크로스엔트로피 함수는 신경망을 하나의 통계적 추정 모델로 바라보고 접근했을 때 얻을 수 있는 특별한 함수로, 이론적 배경과 수식을 설명하는 것은 이 책의 범위를 넘는 것이라 생략하고, 이 함수를 사용할 때 주의할 점 두 가지만 정리한다.

첫째로, 목표 출력 값은 반드시 1또는 0으로 설정되어야 하며, 각 출력 노드에 대한 목표 값들을 모두 합하면 1이 되어야 한다. 이 조건을 만족시키려면 클래스 수에 맞추어 출력 노드에 대한 특별한 설정이 필요하다. 즉, M개의 클래스를 분류하는 문제의 경우 출력 노드의 수도 M개로 정하고, 각 노드가 하나의 클래스를 대표하도록 한다. 예를 들어 *k*번째 클래스에 속하는 데이터의 경우 *k*번째 출력 노드에 대한 목표 값만 1로 두고 나머지는 0으로 설정하는 방식이다. 이렇게 하면 총 합은 항상 1이 된다. 두 번째 주의할 점은, 크로스엔트로피 오차함수를 쓰는 경우, 출력노드의 활성화함수도 소프트맥스함수를 사용해야 한다는 것이다.[6] 이 함수의 실제 활용에 대해서는 4장에서 다시 언급하겠다.

2.3.2 수렴 성능 개선

다층퍼셉트론으로 학습을 수행하다보면 원하는 오차에 도달하지 않았는데도 학습이 거의 멈춰버린 듯한 현상을 종종 만나게 된다. 신경망에 대한 이론적 지식이 부족한 단순 사용자들은 이 경우 대부분 신경망이라는 방법 자체가 주어진 문

6) 크로스엔트로피 오차함수와 소프트맥스 활성화함수에 관해서는 참고문헌 [1,2,4]를 참고하기 바란다.

제를 해결하지 못한다고 판단하고 외면하게 된다. 그렇지만, 2.1절에서 언급한 것처럼 다층 퍼셉트론은 적어도 이론적으로는 (충분한 수의 은닉 노드가 주어지기만 한다면)모든 연속 함수를 근사할 수 있는 능력을 가지고 있다. 그럼에도 불구하고 (은닉 노드를 충분히 많이 사용했음에도 불구하고)학습 시에 오차가 줄지 않는 것은 무엇 때문일까? 그 주요 원인으로는 지역 극소와 플라토현상을 들 수 있다. 지금부터 이 두 가지 문제에 대해 알아보고 해결책을 찾아보자.

지역 극소

기울기 강하 학습법은 오차함수의 기울기를 따라서 학습을 수행하므로, 학습률을 충분히 작게 설정만 해 주면 오차값이 점점 감소하는 방향으로 움직이다가 기울기가 0이 되는 점에서 멈추게 되어 극소 값을 찾는 것이 보장된다. 극소 값에 도달하여 더 이상 움직이지 않는다는 것이 보장되므로, 안정적으로 해에 도달하는 것을 보장한다. 그렇지만, 이렇게 찾아지는 해는 어디까지나 지역 극소에 해당한다. 기울기 강하 학습법에 대해서 설명하는 단계에서 어느 정도 알아차린 독자들이 있겠지만, [그림 8]을 다시 한 번 주의 깊게 살펴보자. 만약 파라미터가 움직이기 시작하는 점이 최적해(전역 극소)에서 멀리 떨어진 지점이라고 한다면, 학습 도중에 처음 만나게 되는 지역 극소에 도달한 후에 더 이상 움직이지 않게 될 것이다. 이러한 문제를 지역 극소(local minima) 문제라고 한다. 지역 극소는 사실상 실제 문제에서 빈번하게 발생되기는 하나,

만약 찾아진 지역 극소가 우리가 원하는 정도의 오차 값을 줄 수 있다면 크게 문제되지는 않을 것이다. 이러한 관점에서 현실적인 해결책으로는 탐색의 시작점을 결정하는 초기치를 변화시키면서 여러 번 학습을 시도하여 원하는 정도의 오차를 얻어내는 방법이나, 충분히 많은 수의 은닉 노드를 사용함으로써 원하는 정도의 오차를 얻도록 시도해 볼 수 있을 것이다.

플라토 문제

지역 극소를 해결하기 위해서 충분히 많은 수의 은닉 노드를 사용하고 초기치를 변화시키며 여러 번 시도했지만 여전히 학습이 거의 정체되거나 지나치게 느리다고 느껴지는 경우도 물론 발생한다. 반복적으로 해를 찾아가는 알고리즘들은 원하는 해에 수렴하기까지 많은 인내가 필요하다. 이는 반복 알고리즘이 가지는 일반적인 특성이라고도 볼 수 있으나, 특히 오류역전파 알고리즘과 같이 기울기를 따라 강하하는 방법에서는 수정항의 크기가 전적으로 기울기에 의존하므로, 지역 극소뿐 아니라 오차함수의 기울기가 완만한 지점에서는 급격히 학습 속도가 느려지는 현상이 나타나는데, 이를 플라토 문제라고 한다.

플라토를 발생시키는 원인은 여러 가지가 있는데, 가장 쉽게 알아차릴 수 있는 것은 셀 포화이다. 셀 포화는 시그모이드나 하이퍼탄젠트와 같이 출력 값이 일정 범위로 제한되어 있는 활성화함수 ϕ를 사용하는 경우에 발생한다. ϕ의 입력으로 주어지는 가중 합(u)의 절대치가 지나치게 커지면 가중치가 변해도 ϕ의 미분 값이 변하지 않아 결국 오차(δ)에 상관없이 가중치 수정이 거의 이루어지지 않는 플라토를 발생시킨다. 최근에는 셀 포화에 의한 느린 학습의 문제를 해결하는 방법으로는 시그모이드나 하이퍼탄젠트 대신 ReLU함수를 사용하기도 하며, 간단히는 입력을 정규화하는 방법을 쓰기도 한다.

셀 포화가 알아채기 쉽고 해결하기도 비교적 쉬운 플라토의 원인이지만, 그 외에도 계층적 신경망이 가지는 구조적 특성도 플라토를 일으키는 주요 원인이 된다. 이를 근본적으로 해결하는 것은 매우 어렵고, 대신 학습 속도를 높여주는 다양한 방법들이 개발되어 있으므로 이를 적절히 활용해 볼 수 있다. 가장 간단해서 많이 쓰이는 방법은 모멘텀 기법으로, 바로 직전 단계의 학습에 사용된 가중치 수정항을 추가적으로 더해주어 관성의 역할을 하도록 유도하는 것이다. 그 밖에 오차 함수의 2차미분을 사용하는 뉴턴 방법, 그리고 리만 공간에서 기울기를 새롭게 정의하여 사용하는 자연 기울기 방법 등 다양한 가속화 방법이 제안되었다(참고문헌 [1,2] 참조).

2.3.3 일반화 성능 평가와 개선

학습이 성공적으로 마무리되어 원하는 오차를 얻었다고 해서 아직 안심할 단계는 아니다. 우리가 원하는 것은 학습된 신경망이 사용될 환경에서 새롭게 주어지는 입력에 대한 출력의 정확도이기 때문이다. 학습되지 않은 데이터들에 대해 올바른 출력을 낼 수 있는 능력을 일반화 능력이라고 하며, 신경망의

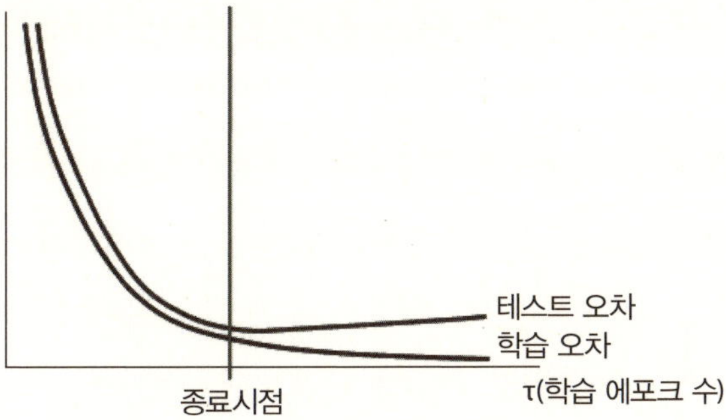

그림 12 학습곡선과 학습의 종료시점

중요한 장점 중 하나이다. 일반화 능력을 평가하기 위해서는 학습 데이터와는 별도로 테스트 데이터 집합을 준비해 놓고, 학습이 완료된 신경망에 테스트 데이터를 입력으로 주어 그 오차를 계산한다. 이를 테스트 오차라고 한다.

여기서 중요한 것은 테스트 오차와 학습 오차가 어떻게 달라지는가 하는 점인데, [그림 12]에 학습이 진행됨에 따른 학습 오차와 테스트 오차의 변화를 나타내는 학습 곡선(learning curve)을 나타내었다. 학습 오차의 경우, 학습이 제대로 진행된다면 계속해서 줄어드는 것이 당연하다. 그런데 테스트 오차의 경우에는 어느 정도까지는 학습 오차와 마찬가지로 그 값이 감소하지만, 충분한 시간이 지난 후에는 오히려 증가하는 현상이 발생한다. 이런 현상은 신경망이 학습 오차를 줄이는 것에 지나치게 몰두하여 학습 데이터에 포함된 노이즈까지 학습하게 되면서 발생하는 것으로, 이를 과다적합(over fitting)이라고 한다. 과다적합은 신경망의 구조가 복잡할수록

(즉, 은닉 노드의 수가 많을수록) 발생 가능성이 높아지며, 가중치의 값이 지나치게 커지는 경우 신경망이 만드는 함수가 복잡한 비선형 형태를 가지게 되어 과다적합이 쉽게 발생한다.

과다적합의 문제를 해결하는 방법도 여러 가지가 제안되었다. 가장 간단한 방법은 테스트(혹은 검증) 집합을 이용하여 과다적합이 발생하는 지점을 찾고, 해당 지점에서 학습을 조기 종료(early stopping)하는 방법이다. 이 밖에도 가중치 값이 지나치게 커지는 것을 방지하기 위해 오차함수에 정규화 항을 추가하는 방법도 많이 쓰인다.[7] 또 최근에는 딥러닝 분야에서 드롭아웃(drop out)이라는 기법이 제안되었는데, 이는 학습하는 과정에서 가중치를 수정할 때마다 일부 노드들을 랜덤하게 선택하여 학습에서 제외시키는 방법이다. 드롭아웃 기법의 효용성에 대한 이론적 연구는 다소 부족하지만, 실제 응용에서의 효과는 확실히 입증되어 있어 대규모 신경망을 학습하는 경우는 반드시 드롭아웃을 사용하도록 권장하고 있다.

지금까지 살펴본 바와 같이, 학습을 수행할 때 고려해야 할 사항들은 매우 많고 다양하다. 다음 절에서는 실제 응용문제를 하나 선택하여 데이터 수집부터 평가에 이르는 전체 과정을 수행해보면서 지금까지 살펴본 학습 전략들을 적용해 본다.

---

7) 오차함수에 추가되는 정규항을 가중치 감소(weight decay)항이라고 부르기도 하는데, R의 nnet 패키지에서는 이 옵션을 제공해 준다. 4장에서 잠깐 살펴볼 것이며, 자세한 내용은 참고문헌 [2]를 참고하기 바란다.

제 3 장

신경망 응용 사례: 숫자 인식

신경망의 기본 개념과 학습 알고리즘에 대해 이해하였다면 이제 실제 문제를 해결하기 위하여 신경망을 어떻게 적용할 것인지 알아볼 준비가 된 셈이다. 이 장에서는 신경망의 대표적인 응용 사례에 해당하는 숫자 인식 문제를 이용하여 데이터 수집과 신경망 모델 설계, 그리고 학습과 성능 평가에 이르는 전체적인 과정을 알아보자. 이 과정을 살펴보고 나면, 독자들은 각자 분석하고자 하는 데이터를 어떻게 신경망에 적용할 수 있을지 계획을 세울 수 있을 것이다.

이 장에서의 우리의 목적은 사람이 손으로 쓴 숫자를 기계가 인식할 수 있도록 만드는 것이다. 0부터 9까지 필기체 숫자를 스캔하여 입력하면, 기계는 그것이 0부터 9까지의 10개의 부류 중 어떤 것인지 판별해야 한다. 이것을 어떻게 가능하게 할 수 있을까? 일반적인 알고리즘으로 그 인식 절차를 코딩하는 것은 어려울 것이다. 왜냐하면 우리도 우리의 뇌가 어떻게 숫자를 인식해내는지 알지 못하기 때문이다. 더욱이 필기체 숫자의 경우에는 필기자나 필기도구 등의 조건에 따라 무수히 많은 변형이 존재하기에 문제는 더욱 어려워진다.

그러나 우리는 이제 신경망이라는 강력한 도구를 가지게 되었으니 고민할 필요가 없다. 우리가 해야 할 일은 그저 신경망의 학습에 사용될 데이터들을 충실히 모아서 잘 설계된 신경망이 학습할 수 있도록 제공해 주고, 학습이 끝나서 오차가 수렴될 때까지 기다리면 되는 것이다. 그렇다고 문제가 그리 단순할 수만은 없다. 좋은 인식 성능을 얻기 위해서는 데이터를 잘 정제하고, 적절한 신경망 구조를 선택해야 하며, 앞 절에서 살펴본 학습 시 고려해야 할 많은 요소들을 영리하게 설정해 주어야 한다. 또한 학습이 완료된 신경망이 과연 쓸 만한 것인지 확인하는 단계도 필요하다. 이제부터 이 과정을 함께 알아보자.

3.1 데이터 수집

신경망을 이용한 문제해결의 첫 단추는 언제나 데이터를 준비하는 것이다. 충분히 많은 수의 데이터를 모아서 신경망이 학습할 수 있도록 다듬는 과정이 필요하다. 이 절에서는 데이터를 수집할 때 주의할 점과 데이터의 특성에 맞춘 전처리, 그리고 마지막으로 학습을 위해 데이터를 분류하고 입출력 값을 조정해 주해 주는 과정을 알아보겠다.

신경망 학습을 위해 데이터를 수집할 때 잊지 말아야 할 것은 우리가 사용할 신경망은 교사학습을 한다는 점이다. 즉, 입력데이터뿐 아니라, 각 입력 값에 대한 목표 출력 값도 함께 필요하다. 그러니 숫자 인식을 위해서 숫자 영상을 모을 때는 반드시 각 영상이 어떤 숫자인지를 태그로 달아주어야 한다. 다른 데이터의 경우도 마찬가지이다. 입력과 출력으로 이루어진 한 쌍이 데이터 하나가 된다.

숫자 영상을 우리 스스로, 그것도 충분한 양을 모으려면 많은 시간과 노력이 필요하겠지만, 다행히 연구자들을 위해 필기체 숫자를 데이터를 제공해 주는 사이트가 있다. [그림 13]에

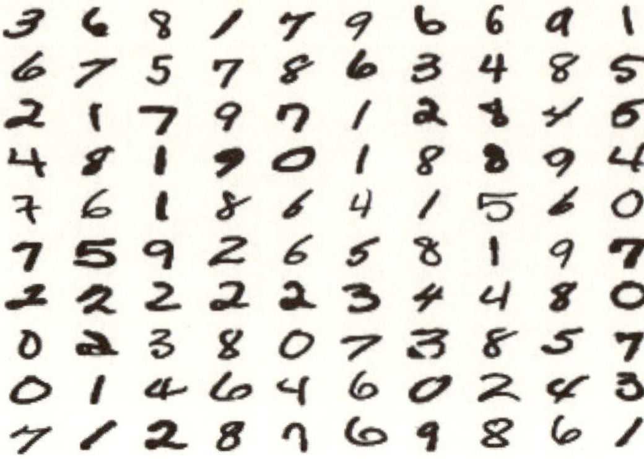

그림 13　필기체 숫자 인식 데이터(MNIST)의 샘플들

나타난 숫자들은 MNIST라고 하는 데이터베이스로, 미국의 우편집중국에서 우편물의 자동 분류를 위해 우편번호를 인식하는 시스템을 만들기 위하여 수집한 것이다. 이를 기계학습을 연구하는 사용자들이 인식기의 개발에 활용할 수 있도록 무료로 제공해 주고 있다.[8] 총 7만 개의 숫자 샘플들로 이루어져 있으며, 각 샘플은 28×28 크기의 그레이영상이다. 물론 영상과 함께 각 영상이 속한 클래스 라벨도 함께 얻을 수 있다.

8)　MNIST 데이터는 공식 홈페이지[9]로부터 받을 수 있으며, 매트랩이나 옥타브에서 사용할 수 있도록 가공된 데이터는 딥러닝 툴박스[8]에서 받을 수 있다.

3.2
전처리와 데이터 설정

데이터 수집이 완료되면 학습이 좀 더 쉽게 이루어질 수 있도록 적절한 전처리가 필요하다. 데이터의 종류에 따라 다양한 전처리 방법들이 존재하지만, 여기서는 모든 데이터에 공통으로 적용될 수 있는 정규화(normalization)에 대하여 설명한다. 정규화란 데이터가 가지는 값이 일정 범위 안에 있도록 조정하는 것을 말한다. 수집된 데이터에서 입력 값 x가지는 범위가 100부터 200이라고 하자. 이 값을 그대로 입력으로 사용하면 시작 단계부터 셀 포화 현상이 발생하여 학습이 잘 이루어지지 않는다. 이를 피하려면 신경망의 각 노드에 들어가는 값들이 작은 범위에 있도록 조정해 줄 필요가 있다. 가장 간단한 방법은 각 데이터 값들이 0에서 1사이에 있도록 정규화하는 것으로, 원래 값이 a에서 b까지 변하는 데이터 x대신 $\tilde{x}=(x-a)/(b-a)$를 계산하여 사용한다. MNIST 데이터의 경우, 그레이 영상의 각 픽셀 값은 0에서 255까지 변하는 값이므로, 원래 값 대신 255로 나눈 값을 사용하면 된다. [그림 14]에는 28×28 크기의 영상의 각 픽셀의 값을 나타내었다.

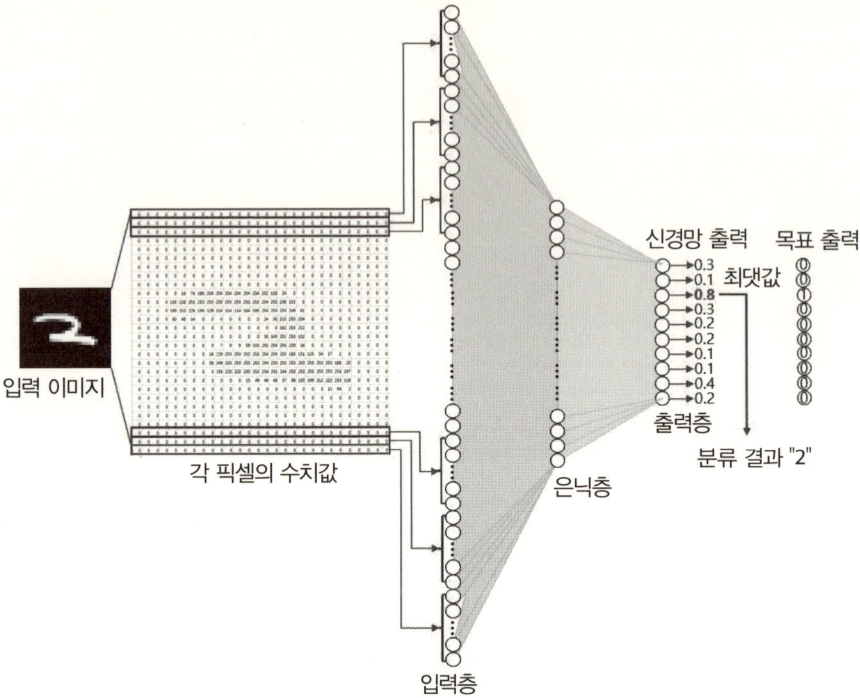

그림 14　숫자 인식을 위한 신경망 구조와 입출력 데이터 표현

입력 값의 정규화와 함께 목표 출력 값도 약간의 수정이 필요하다. 목표 출력 값이 임의의 실수 값을 가지는 회귀 문제의 경우 그 값 자체를 그대로 사용할 수도 있고, 입력처럼 작은 범위의 값으로 정규화하여 사용할 수도 있다. 분류 문제의 경우는 조금 더 특별한 처리가 필요하다. 10개의 클래스로 분류하는 숫자 인식의 문제를 생각해 보자. 출력 값은 10개의 클래스 라벨이 될 텐데, 이를 0부터 9까지 변하는 하나의 정수로 나타낼 수도 있겠지만, 이것은 신경망 학습을 위해서는 그리 좋은 방법이 아니다. 출력 노드 하나가 0, 1, ..., 9의 10개의 값을 가질 수 있도록 해야 하니 학습이 쉽지 않을 것이기 때문이다. 좀 더 영리한 방법은 신경망의 출력 노드 개수를 클래스 수와 동일하게 설정하고 하나의 출력 노드가 하나의 클래스를 담당하게 하는 것이다. 숫자 인식의 경우 목표 출력을 10개의 이진 값(0 또는 1)으로 이루어진 10차원 벡터로 표현하고, 입력 영상의 숫자 클래스에 해당하는 출력 노드만 1의 값을 가지고 나머지는 모두 0이 되도록 설정하면 된다. [그림 14]에는 숫자 2의 경우에 대한 목표 출력으로, 세 번째 출력 노드만 1의 값을 가지는 경우를 나타내었다.

전처리를 통해 입출력 데이터 값이 정비되면, 마지막으로 데이터를 용도에 맞게 구분해 둘 필요가 있다. 기본적으로는 신경망 학습에 사용하는 학습 집합(training set)과, 학습이 완료된 후에 사용하는 테스트 집합(test set)으로 이분한다. 추가적으로는 학습 집합의 일부를 따로 분리하여 검증 집합(validation set)을 만들고, 학습의 종료 조건이나 적절한 학습 노드의 수 등을 결정하는 데 사용하기도 한다. MNIST 데이터의 경우 7만 개의 전체 데이터를 미리 학습 집합(6만 개)과 테스트 집합(1만 개)으로 분리하여 제공해 주고 있다. 많은 경우에 학습 집합에서 1만 개를 따로 분리하여 검증용으로 사용하고, 5만 개의 데이터만으로 신경망을 학습시키는 전략을 취한다.

3.3
모델 설계

데이터 준비가 완료되면 신경망의 구조를 설정해야 한다. 다층퍼셉트론의 경우에 우리가 정해주어야 할 것은 각 층의 노드 수와 활성화함수 형태이다. 입력층과 출력층의 노드 수는 데이터의 입력 차원과 출력 차원에 맞추어 결정된다. 우리가 사용하는 숫자 영상 데이터의 경우, 영상 사이즈가 28×28이므로 총 784개의 화소 값이 입력으로 주어지므로, 입력 노드의 수는 784개이다. 또 출력 값은 10개의 클래스를 나타내는 10차원 벡터이므로 10개의 출력 노드를 가지도록 설정하면 된다. [그림 14]에 그 구조를 나타내었다[9].

문제는 은닉층의 노드 수인데, 어느 정도의 개수가 적당한지는 문제의 복잡도와 입출력 데이터의 차원에 따라 천차만별이다. 따라서 정확한 숫자를 확정짓기보다는 몇 가지 후보를 학습해보면서 적절한 노드 수를 선택할 필요가 있다. MNIST

9) 숫자와 같은 영상 데이터는 2차원 행렬이지만, 신경망의 입력으로 주어질 때는 행 단위로 길게 이어 붙여서 1차원 벡터로 바꿔 사용한다.

데이터를 위해서는 20개, 50개, 100개의 은닉 노드 설정을 실험해보기로 하자[10].

구조가 정의되고 나면 은닉 노드와 출력 노드의 활성화함수를 결정해주면 모델 설계는 끝난다. 은닉 노드의 경우 시그모이드나 하이퍼탄젠트를 쓰면 무난하지만, 출력 노드는 데이터의 출력 값에 따라 주의 깊은 선택이 필요하다. 회귀 문제와 같이 출력 값이 연속한 실수 값이면서 그 범위도 0과 1을 벗어난다면, 선형함수를 사용해야만 한다. 분류 문제의 경우 목표 출력 값이 0 아니면 1이 되므로 시그모이드함수를 사용하는 것이 맞겠다. 만약 하이퍼탄젠트함수를 쓰고 싶다면 학습 데이터의 목표 출력 값도 0과 1이 아닌 −1과 1이 되도록 변경해주어야 함을 잊지 말자. 또한 만약 학습을 위한 오차함수로 크로스엔트로피 에러를 쓰고 싶다면 출력층의 활성화함수는 소프트맥스로 정의되어야 한다. 4장에서 알아보겠지만, R 패키지들 중에는 이러한 선택이 가능하도록 옵션을 제공해주므로, 잘 기억해 두면 능숙하게 R을 활용해 볼 수 있을 것이다.

---

10) 여기서는 은닉층이 1개인 경우만 생각하고 있지만, 사실 은닉층의 수도 2개 이상으로 늘어날 수 있다. 최근 들어 관심을 모으고 있는 심층 신경망(deep network)은 이 은닉층의 수를 늘려서 그 깊이를 키운 것이라고 보면 된다.

3.4
전략적 학습

모델이 정해졌으니, 이제 신경망에게 학습 데이터를 전달하여 가중치 수정의 반복을 통해 해를 찾도록 하면 된다. 사실 이제부터는 컴퓨터가 열심히 학습만 수행하면 될 것 같지만, 성공적인 학습을 위해 우리가 결정해 주어야 할 것들도 아직 많이 남아 있다. 2.3절에서 언급한 항목들이 그것인데, 여기서는 여러 가지 사항들에 대하여 MNIST 데이터의 성공적인 학습을 위한 전략을 기술하겠다.

오차함수

다층퍼셉트론 학습에 사용되는 기본 오차는 (식 8)에서 정의한 제곱오차이다. 회귀 문제의 경우는 고민하지 않고 제곱오차를 사용하면 된다. 분류 문제의 경우에도 물론 제곱오차를 사용해도 아무 문제가 없지만, 만약 제곱오차의 학습 결과가 만족스럽지 못하다면 크로스엔트로피 오차를 시도해 볼 수도 있다. R을 비롯하여 Matlab이나 C++ 등으로 제공되는 신경망 패키지들은 이 오차함수를 선택할 수 있도록 지원해

주고 있으니, 간단히 옵션을 바꾸어서 수행해 볼 수 있다. 이 장에서는 MNIST 데이터에 대해 제곱오차와 시그모이드를 사용한 경우의 성능을 비교해 볼 것이며, 4장에서는 R 패키지에서 이 기능을 사용해 볼 것이다.

학습 모드

학습 데이터의 수가 5만 개나 되니 배치모드를 쓰는 것은 무리가 있다. 순수한 온라인 모드(하나의 데이터마다 오차를 계산하여 학습을 수행하는 전략)를 취할 수도 있지만, 5만 개 정도라면 미니 배치모드가 적절하다. 즉, 전체 데이터를 작은 크기의 부분집합들(예를 들어 50개 샘플을 포함하는 부분집합 1,000개)로 나누어, 각 부분 집합에 대해 배치모드로 한 번의 가중치 수정을 수행한다. 모든 부분집합에 대해 한 번씩, 총 1,000번의 가중치를 수정하는 것이 1회의 에포크이다. 에포크 1회가 끝날 때마다 학습 오차의 변화를 살펴보면서 학습이 제대로 수행되는지 점검하면 된다.

초기 조건(가중치/학습률/오차)

가중치 초기 값은 작은 범위의 실수 값을 랜덤하게 부여한다. 랜덤 값의 범위는 간단하게는 −0.2~0.2 정도로 평균값이 0이 되게 설정할 수 있다. 3.5장의 실험에서는 최근 연구 결과 중 신경망 구조의 크기에 의존하여 적절한 범위를 설정하는 방법이 제시된 참고문헌[1]을 참조하여 범위를 설정하였다.

학습률

한 번에 수정하는 가중치 변화의 폭을 결정하는 학습률도 학습의 수렴 여부와 속도를 결정하는 중요한 요소이다. 적절한 학습률은 데이터와 신경망 구조 등에 의존하여 변하므로, 작은 값의 범위에서 몇 가지 경우를 시도하여 결정하는 것이 좋다. MNIST 데이터의 실험에서는 시그모이드 함수를 사용한 경우에는 1을, 소프트맥스를 사용한 경우는 0.5로 정하였다. 문제에 따라서는 훨씬 작은 값을 사용해야 하는 경우도 있음에 주의하자.

종료 조건

학습이 어느 정도 진행되고 나면 종료할 시점을 결정해 주어야 한다. 종료 조건으로는 최대 수행 에포크 수와 원하는 학습오차 값을 설정해 두어 학습오차가 원하는 값보다 적어지면 종료하거나, 오차가 줄지 않아도 최대 수행 에포크까지 수행하고 나면 멈추도록 설정한다. 그런데 바람직한 오차 수준이나 그것을 얻기까지 필요한 에포크 수를 미리 알 수는 없다는 것이 함정이다. 좀 더 전략적으로 접근하려면 학습오차와는 별도로 검증 데이터를 이용하여 계산되는 검증오차도 학습 도중에 주기적으로 체크하여, 학습오차가 계속 줄더라도 검증오차가 더 이상 줄지 않거나 늘어나는 시점에서 학습을 완료할 수 있다. 다음 절에서 MNIST 데이터에 대하여 학습오차와 검증오차의 변화를 살펴보겠다.

3.5
성능 평가

3.5.1 학습 곡선의 변화

학습이 수행되고 나면 그 결과를 분석하여 원하는 신경망이 얻어졌는지 알아보아야 한다. 이 과정은 신경망을 실제 응용문제에 적용하기 위해서는 필수적인 부분이다. 먼저 학습이 잘 진행되었는지 알아보기 위해 학습하는 과정에서 오차의 변화를 나타내는 학습 곡선(learning curve)를 그래프로 그려 볼 수 있다. [그림 15]에서는 은닉 노드의 수(H)가 각각 20개,

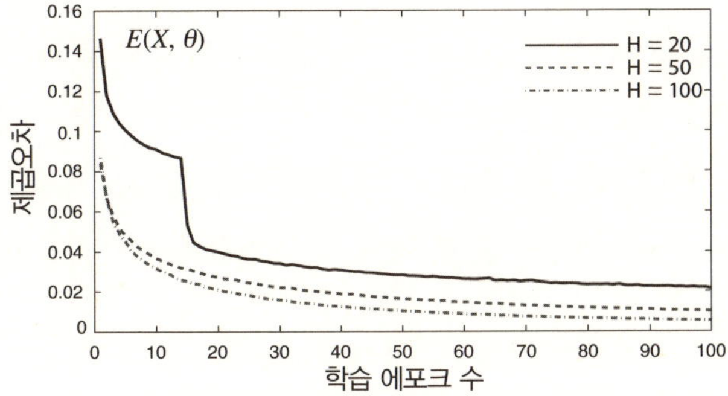

그림 15 은닉 노드에 따른 학습 곡선 변화

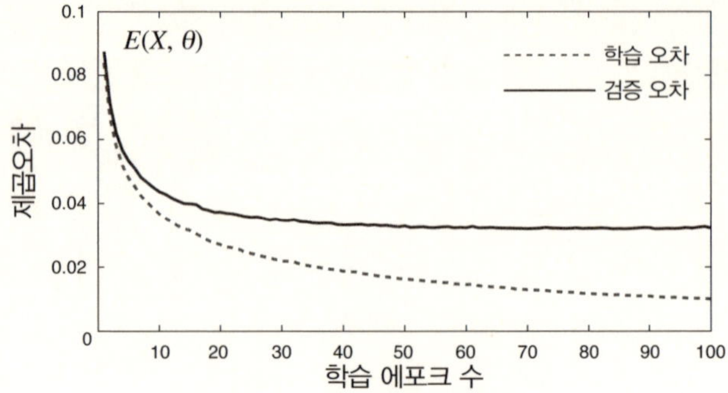

그림 16 학습오차와 검증오차

50개, 100개인 3개의 모델에 대하여 학습 에포크가 늘어남에 따라 학습오차 *E*가 변하는 과정을 나타내었다. 세 가지 모델에서 모두 오차가 줄어들고 있어 학습이 순조롭게 진행됨을 알 수 있다. 또한 학습 노드 수가 많을수록 빠르게 학습오차가 줄어드는 것도 볼 수 있다.

[그림 16]에서는 은닉 노드 수가 50개인 모델에 대하여 학습오차와 함께 검증오차의 변화도 나타내었다. 학습오차는 에포크가 늘어남에 따라 계속 감소하는데 반해 검증오차는 70 에포크 부근 부터는 거의 감소하지 않고 오히려 미세한 증가 현상을 보이고 있음을 알 수 있다. 이로부터 학습을 더 이상 진행하는 것은 학습 오차를 줄일 수는 있으나 오히려 검증오차는 증가시키는 과다적합 현상을 불러올 것으로 예상할 수 있다. 이러한 관찰을 통해 에포크 수 100에서 학습을 완료하였다.

3.5.2 테스트 오차

학습을 완료한 후에는 완성된 신경망의 성능을 평가해야 한다. 이때는 학습이나 검증을 위해 사용한 데이터가 아니라 별도로 구분해 둔 테스트 데이터를 이용하여 평가한다. 평가 기준은 응용문제의 종류에 따라 달라진다.

회귀 문제의 경우, 주어진 입력에 대해 신경망의 출력이 목표 출력에 얼마나 가까운지를 평가하면 되므로, 평균제곱오차로 평가할 수 있다. 또한 신경망의 출력 값과 목표 출력의 상관계수[11]를 이용하여 평가하기도 한다. 상관계수 값이 1에 가까울수록 신경망이 내는 출력이 목표 출력을 잘 근사하고 있음을 나타낸다고 볼 수 있다.

분류 문제의 경우에는 신경망의 출력이 목표 출력 값(1 또는 0)에 완벽하게 가까워지는 것보다, 최종 목적인 분류를 잘 해내는 것이 중요하다. 이를 평가하기 위해서는 먼저 신경망의 출력 노드가 내는 값을 이용하여 주어진 입력 데이터가 속하는 클래스의 라벨을 찾는 방법을 결정해 두어야 한다. M개의 출력 노드를 가진 신경망의 출력 값이 $[y_1,y_2,...,y_M]$으로 주어졌다고 하자. 이로부터 클래스 라벨 C를 정하기 위해서는 출력 값이 가장 큰 출력 노드를 찾아 그것이 대표하는 클래스 라벨을 분류 결과로 결정한다. MNIST 데이터의 경우 출력 노

11) 상관계수는 두 랜덤변수의 의존 관계를 나타내는 통계량으로, 하나의 랜덤변수가 가지는 값이 다른 랜덤변수가 가지는 값과 정비례 관계에 있으면 상관계수는 1이 되고, 반비례 관계인 경우 −1, 두 변수가 서로 독립인 경우 0이 된다.

드는 모두 10개이고, 각각이 0에서 1 사이의 값을 출력으로 가진다. 만약 출력 노드의 출력 값이 [그림 14]에서와 같이 주어졌다고 하자. 이 경우 가장 큰 출력 값을 내는 노드가 2를 대표하는 세 번째 노드이므로, 신경망의 분류 결과는 2가 된다.

표 1 MNIST 데이터에 대하여 여러 신경망 모델의 오분류율(%) 비교

활성화함수	오차함수	$H=20$	$H=50$	$H=100$
시그모이드	제곱오차	4.51	3.17	2.49
소프트맥스	크로스엔트로피	4.69	3.07	2.35

테스트 집합에 속하는 모든 샘플들에 대하여 분류 결과를 계산하고 나면, 우리는 목표 출력 값에 의해 정해지는 각 샘플들의 진짜 클래스와 신경망의 분류 결과를 비교하여 오분류율을 계산할 수 있다. 오분류율(error rate)이란, 신경망의 분류 결과가 목표 출력과 일치하지 않는 샘플의 수를 전체 샘플 수로 나눈 값이다. [표 1]에는 MNIST 데이터에 대한 여러 신경망 모델들의 오분류율을 나타내었다. 은닉 노드의 수가 많아질수록 오분류율이 줄어드는 것을 볼 수 있으며, 크로스엔트로피 오차함수와 소프트맥스 활성화함수를 쓴 경우가 제곱오차와 시그모이드함수를 쓴 경우에 비해 대체로 약간 향상된 성능을 보임을 알 수 있다. 좀 더 자세한 분석을 위해서는 각각의 클래스에 속한 샘플들에 대하여 신경망이 올바르게 인식한 샘플의 수와 다른 클래스로 인식한 샘플의 수를 나타내는

혼동행렬(confusion matrix)을 사용할 수도 있다. 혼동행렬을 사용한 결과는 4장의 R을 이용한 실험에서 살펴보기로 한다.

제 4 장

R을 이용한 신경회로망 실습

신경망 모델들은 다양한 프로그래밍 언어로 구현되어 툴박스나 패키지 형태로 제공되고 있다. R의 경우만 해도 3개의 이상의 패키지가 제공되는데, neuralnet, nnet, rnns가 대표적이다. R에 기본적으로 탑재되어 있는 패키지는 nnet이며, 앞 장에서 설명했던 신경망의 성능을 높이기 위한 다양한 선택 옵션들을 제공하고 있다. neuralnet은 nnet에 비해 비교적 간단하여 처음 신경망을 접하는 사용자의 경우 좀 더 쉽게 다루어 볼 수 있다. rnns는 가장 많은 신경망 모델과 기능들을 제공하지만, 그만큼 능숙하게 다루기 위해서는 많은 지식이 필요하다. 이 책에서는 먼저 neuralnet 패키지를 이용하여 회귀 문제를 위한 신경망을 만들어 보고, 이어서 nnet을 이용하여 분류 문제를 위한 신경망도 만들어 본다. 각 패키지별로 가능한 옵션들을 모두 사용해 보는 것은 무리이므로, 이 책에서는 기본 사항을 익히는 것을 목적으로 하며, 이후는 R에서 제공되는 매뉴얼을 참고하여 하나씩 차근차근 시도해 보기 바란다.

4.1

neuralnet 패키지를 이용한 예측

4.1.1 데이터 준비

신경망을 비롯한 기계학습 분야에서는 연구자들이 개발하는 방법론을 테스트하고 비교평가하기 위한 수단으로 벤치마크 데이터들을 공유하는 사이트들이 존재한다. UCI machine learning repository[10]가 대표적인 예로, 약 350종류의 데이터들을 다운받아 사용할 수 있다. 우리가 다루어볼 것은 Combined Cycle Power Plant라는 데이터로 해당 사이트[7]로부터 엑셀 파일을 다운받을 수 있다. R에서의 사용을 위해 엑셀 파일로 저장된 데이터를 csv(comma separated values) 파일로 바꾸어 저장해 두자.

이 데이터는 총 9,568개의 샘플들로 구성되어 있고, 5개의 변수를 가지고 있다([그림 17] 참조). 신경망 학습을 통해 예측하고자 하는 값은 마지막 열에 있는 전력생산량 PE로, 이 값을 결정하는 데 영향을 주는 4가지 변수 AT, V, AP, RH의 값이 입력으로 주어진다. 이제 R을 구동하여 csv 파일로 저장

Data: mydatan

	AT	V	AP	RH	PE
1	-0.6300283	-0.4516014	-0.111606	0.727882	0.5952318
2	0.2368272	0.1790036	-0.08389013	0.3040214	-0.3247682
3	0.5824363	0.1224199	-0.2942341	-0.5616622	-0.5099338
4	-0.02209632	-0.1341637	-0.2907696	0.3734584	-0.1303311
5	-0.4339943	-0.455516	0.199703	0.9206434	0.1700662
6	-0.3110482	-0.5088968	0.1462509	0.5828418	0.3430464
7	0.1495751	0.6345196	-0.2422668	0.3356568	-0.4148344
8	-0.2827195	-0.4163701	0.4397426	0.4168901	0.1586755
9	0.6679887	0.5711744	-0.1408067	-0.6978552	-0.7745695
10	-0.7189802	-0.5437722	0.2328632	0.4898123	0.6966887
11	0.4997167	0.5412811	-0.3333333	0.1887399	-0.6018543
12	0.2	-0.2323843	0.0522148	-0.3603217	-0.1748344
13	0.5575071	0.5900356	-0.1061618	-0.04369973	-0.8413245
14	-0.6413598	-0.5683274	-0.2006929	0.4683646	0.6
15	-0.1439093	-0.3153025	0.2100965	-0.1101877	0.05721854

그림 17 combined power plant 데이터 샘플

된 데이터를 R에서 사용하기 위해 불러오는 작업을 수행한다.

```
> setwd("C:/BigData/NN")
> mydata = read.csv("Folds5x2_pp.csv")
> View(mydata)
```

먼저 setwd를 이용하여 독자의 컴퓨터에서 데이터 파일 "Fold5x2_pp.csv" 파일이 저장되어 있는 위치에 접근할 수 있도록 경로를 설정해 준다. 이어서 read.csv 함수를 수행하면 csv 파일에 저장된 데이터를 mydata로 읽어온다. 읽어온 데이터의 값들은 View 함수를 수행하면 [그림 17]과 같은 표로 확인할 수 있다.

불러온 데이터의 기본적인 분포 특성을 알아보기 위해 summary 함수를 사용하면 다음과 같은 결과를 얻을 수 있다.

```
> summary(mydata)
```

결과값1

```
      AT                 V                 AP                 RH                 PE
Min.   : 1.81    Min.   :25.36    Min.   : 992.9    Min.   : 25.56    Min.   :420.3
1st Qu.:13.51    1st Qu.:41.74    1st Qu.:1009.1    1st Qu.: 63.33    1st Qu.:439.8
Median :20.34    Median :52.08    Median :1012.9    Median : 74.97    Median :451.6
Mean   :19.65    Mean   :54.31    Mean   :1013.3    Mean   : 73.31    Mean   :454.4
3rd Qu.:25.72    3rd Qu.:66.54    3rd Qu.:1017.3    3rd Qu.: 84.83    3rd Qu.:468.4
Max.   :37.11    Max.   :81.56    Max.   :1033.3    Max.   :100.16    Max.   :495.8
```

summary 결과로부터 각 변수들의 최댓값(Max.)과 최솟값(Min.)을 확인할 수 있는데, 모두 두 자리 수 이상의 큰 값으로, 이것을 그대로 신경망 학습에 사용하면 셀 포화 현상으로 인해 학습이 어려워진다. 이를 피하기 위해 먼저 모든 변수의 값들이 −1에서 1 사이에 존재하도록 정규화하는 것이 좋다.

이를 위해 먼저 정규화를 위한 함수 normalize를 정의한다.

```
> normalize <-function(x)
  return(((x-min(x))/(max(x)-min(x)))*2-1)
```

이어서 normalize함수를 mydata의 각 열들에 대해 적용하여 그 결과를 mydata_norm에 저장한다.

```
> mydata_norm <- as.data.frame
  (lapply(mydata, normalize))
```

정규화가 제대로 수행되었는지 확인하려면 mydata_norm에 다시 summary함수를 수행하면 된다.

```
> summary(mydata_norm)
```

결과값2

```
      AT                    V                     AP                    RH                   PE
Min.   : -1.00000  Min.   : -1.00000  Min.   :-1.000000  Min.   :-1.00000  Min.   :-1.00000
1st Qu.: -0.33711  1st Qu.: -0.41708  1st Qu.:-0.197723  1st Qu.: 0.01253  1st Qu.:-0.48371
Median :  0.05014  Median : -0.04911  Median :-0.007671  Median : 0.32480  Median :-0.17113
Mean   :  0.01083  Mean   :  0.03010  Mean   : 0.008121  Mean   : 0.28013  Mean   :-0.09656
3rd Qu.:  0.35467  3rd Qu.:  0.46548  3rd Qu.: 0.206137  3rd Qu.: 0.58901  3rd Qu.: 0.27603
Max.   :  1.00000  Max.   :  1.00000  Max.   : 1.000000  Max.   : 1.00000  Max.   : 1.00000
```

정규화 전처리 작업을 통해 적절한 범위의 값을 가진 데이터가 얻어지면, 이제 신경망의 학습을 위해 학습 집합과 테스트 집합으로 나누어야 한다. 총 9,568개의 데이터가 존재하므로, 그중 5,000개를 학습에 사용하고 나머지를 테스트로 사용하자. 5,000개의 학습 샘플들을 전체 데이터에서 랜덤하게 뽑아오기 위해 샘플이라는 함수를 사용한다.

```
> samp <- sample(1:9568,5000)
> mydatanTR <-mydata_norm[samp,]
> mydatanTS <-mydata_norm[-samp,]
```

sample함수를 이용하면 주어진 범위(1~9568)의 정수 집합에서 주어진 개수(5,000)만큼의 정수를 랜덤하게 뽑아준다. 이렇게 얻어진 samp를 학습 데이터들의 인덱스로 사용하여 mydata_norm으로부터 해당 인덱스만 뽑아서 학습 집합 mydatanTR에 저장한다. 나머지 samp 인덱스가 아닌 부분들은 테스트 집합 mydatanTS에 저장한다.

학습 집합과 테스트 집합에 속한 데이터 값들의 분포를 알아보기 위해 summary를 사용할 수 있다. 여기서는 boxplot을 사용하여 그래프 형태로 표현하였다.

```
> boxplot(mydatanTR)
> boxplot(mydatanTS)
```

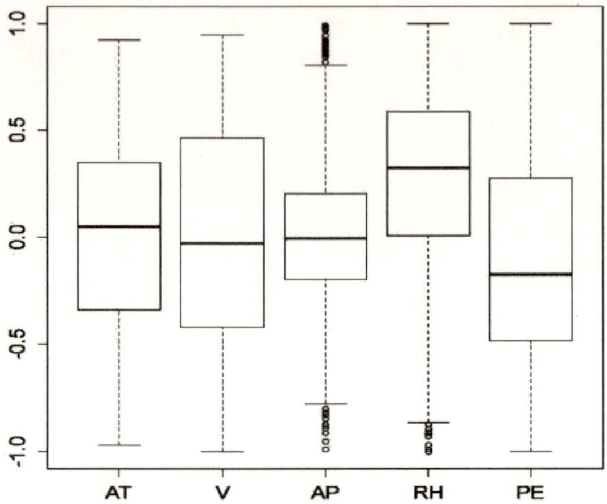

(a) boxplot(mydatanTR)

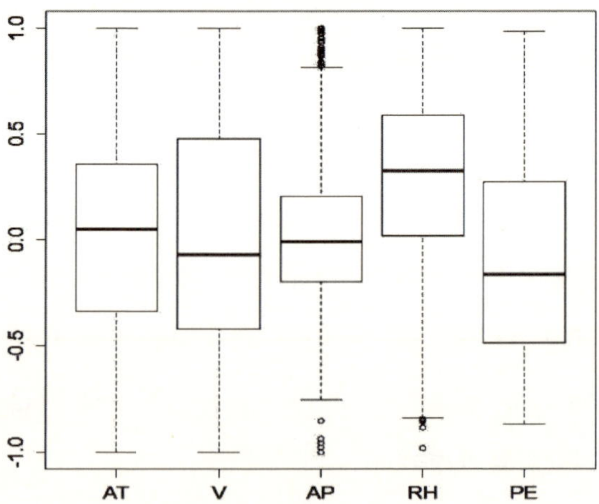

(b) boxplot(mydatanTS)

그림 18　학습데이터(a)와 테스트데이터(b)의 분포

그림을 보면 학습 집합과 테스트 집합의 통계량이 약간의 차이가 있기는 하나 거의 유사한 분포를 가짐을 알 수 있다. 이상으로 신경망 학습을 위한 데이터 준비는 완료되었다.

4.1.2 학습

이제 본격적으로 신경망의 학습을 수행해 보자. 사용하고자 하는 neuralnet 패키지는 R에서 기본으로 탑재되어 있지는 않으므로 따로 인스톨 작업이 필요하다.

```
> install.packages("neuralnet")
> library("neuralnet")
```

인스톨을 수행한 후에는 `library` 함수를 이용하여 메모리로 불러오는 작업도 잊지 말아야 한다.

neuralnet 패키지의 기본이 되는 neuralnet 함수를 이용하면 간단히 신경망 학습을 수행할 수 있다. 우선 기본적인 조건으로 학습을 수행해 보자.

```
> mynn_H1 <- neuralnet(PE ~ AT + V + AP + RH,
  data=mydatanTR)
```

neuralnet 함수 수행을 위해 필요한 기본적인 파라미터는 3개이다. 제일 마지막에 있는 세 번째 파라미터는 학습 데이터의 이름으로, 첫 번째와 두 번째 파라미터에서는 이 데이터에 포함된 변수 이름이 사용된다. 첫 번째 파라미터는 목표 출력 값이 저장된 데이터로, 이 문제의 경우 출력 노드가 1개이므로 해당 열의 변수 이름인 PE가 사용되었다. 두 번째 파라미터는 입력 값들이 저장된 데이터로, 이 문제의 경우 입력 노드가 4개이므로 4개의 열의 변수 이름들을 + 형태로 결합하여 나타내면 된다. 출력 값 파라미터와 입력 값 파라미터 사이에는 ~ 심벌로 구분한다.

이 함수를 호출하면 신경망의 학습이 수행되고, 그 최종 결과가 mynn_H1에 저장된다. mynn_H1은 학습을 통해 얻어진 신경망에 대한 모든 정보를 포함하고 있는데, str 함수를 이용하여 그 값을 살펴보자.

```
> str(mynn_H1)
```

결과값3

```
List of 13
 $ call              : language neuralnet(formula = PE ~ AT + V + AP + RH, data = mydatanTR)
 $ response          : num [1:5000, 1] -0.454 0.737 -0.586 0.161 0.694 ...
  ..- attr(*, "dimnames")=List of 2
  .. ..$ : chr [1:5000] "8687" "7082" "1828" "8497" ...
  .. ..$ : chr "PE"
 $ covariate         : num [1:5000, 1:4] 0.188 -0.779 0.437 -0.304 -0.7 ...
 $ model.list        :List of 2
  ..$ response : chr "PE"
  ..$ variables: chr [1:4] "AT" "V" "AP" "RH"
 $ err.fct           :function (x, y)                                    //제곱오차함수 사용
  ..- attr(*, "type")= chr "sse"
 $ act.fct           :function (x)                                       //활성화함수는 시그모이드
  ..- attr(*, "type")= chr "logistic"
 $ linear.output     : logi TRUE                                         //출력노드의 활성화함수는 선형
 $ data              :'data.frame':        5000 obs. of  5 variables   //학습에 사용된 데이터
  ..$ AT: num [1:5000] 0.188 -0.779 0.437 -0.304 -0.7 ...
  ..$ V : num [1:5000] 0.23 -0.432 0.277 -0.509 -0.483 ...
  ..$ AP: num [1:5000] -0.08983 -0.48775 -0.00322 -0.24276 -0.21158 ...
  ..$ RH: num [1:5000] 0.695 0.714 0.203 0.3 0.668 ...
  ..$ PE: num [1:5000] -0.454 0.737 -0.586 0.161 0.694 ...
```

```
$ net.result          :List of 1                                    //신경망 출력결과
 ..$ : num [1:5000, 1] -0.383 0.667 -0.517 0.282 0.62 ...
 .. ..- attr(*, "dimnames")=List of 2
 .. .. ..$ : chr [1:5000] "8687" "7082" "1828" "8497" ...
 .. .. ..$ : NULL
$ weights             :List of 1                                    //학습된 가중치
 ..$ :List of 2
 .. ..$ : num [1:5, 1] 0.5825 1.4046 0.3432 -0.0606 0.2022
 .. ..$ : num [1:2, 1] 1.77 -2.88
$ startweights        :List of 1                                    //초기 가중치
 ..$ :List of 2
 .. ..$ : num [1:5, 1] 0.146 -0.269 -1.717 -2.016 2.1
 .. ..$ : num [1:2, 1] 1.61 -2.64
$ generalized.weights:List of 1
 ..$ : num [1:5000, 1:4] 1.452 -4.302 0.853 -4.995 -4.118 ...
 .. ..- attr(*, "dimnames")=List of 2
 .. .. ..$ : chr [1:5000] "8687" "7082" "1828" "8497" ...
 .. .. ..$ : NULL
$ result.matrix       : num [1:10, 1] 31.65528 0.00995 66997 0.58253 1.40461 ...
 ..- attr(*, "dimnames")=List of 2
 .. ..$ : chr [1:10] "error" "reached.threshold" "steps" "Intercept.to.1layhid1" ...
 .. ..$ : chr "1"
- attr(*, "class")= chr "nn"
```

결과 값을 보면 호출한 파라미터, 사용한 오차함수(err.fct)의 형태(sse는 제곱오차를 의미함)와 활성화함수(act.fct)의 형태(logistic은 시그모이드함수를 의미함), 사용한 데이터, 신경망의 출력 값(net.result), 학습된 가중치(weights)와 초기 가중치(start.weights) 등이 나타나 있다. 여기서 주의 깊게 볼 것은 linear.output의 값이 "TRUE"로 설정되어 있는 점이다. 이는 출력 노드의 활성화함수로 선형함수가 사용되었음을 의미하는 것으로, 회귀 문제의 경우에 적절한 선택임을 알 수 있다. 그밖에 주요한 항목에 대하여서는 결과 옆에 주석을 달아두었다.

이 결과 값이 너무 복잡하여 알아보기 힘들다면, plot 함수

를 이용하여 간단히 도식화된 결과를 얻을 수도 있다.

```
> plot(mynn_H1)
```

[그림 19]에서 은닉 노드의 수는 1개이며, 바이어스 노드도 사용되었음을 확인할 수 있고, 얻어진 가중치 값도 볼 수 있다. 또한 아래 부분에 학습이 완료되기까지 수행한 횟수(Steps)와 얻어진 학습오차(Error)도 나타나 있다. 여기서 주어진 오차 값은 5,000개의 학습 데이터에 대한 제곱오차의 합이므로, 하나의 데이터에 대한 평균 제곱오차는 33.474612/5000=0.00669492가 된다.

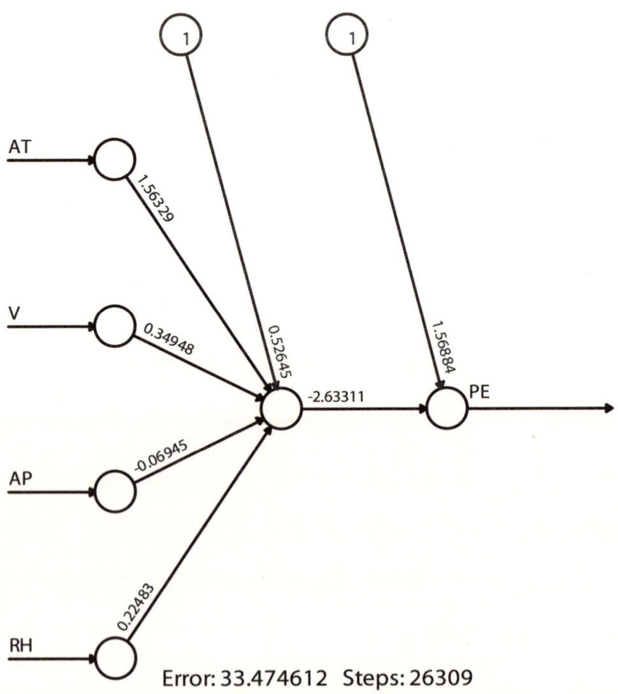

그림 19 학습된 신경망 구조와 가중치

4.1.3 평가와 성능 개선

학습된 신경망의 성능을 제대로 알아보기 위해서는 테스트 데이터를 이용한 평가가 필요하다. 학습이 완료된 신경망 mynn_H1에 새로운 테스트 데이터의 입력 값(mydatanTS의 처음 4개 열)을 주어 신경망이 내는 출력을 계산하는 함수는 compute이다.

```
> mynn_H1_resTS <- compute(mynn_H1, mydatanTS[,1:4])
```

compute의 수행을 통해 얻어진 결과를 이용하여 테스트오차(평균제곱오차)를 계산해 볼 수 있다.

```
> sqr_err
  <- (mynn_H1_resTS$net.result-mydatanTS[,5])^2
> mse <- sum(sqr_err) / length(sqr_err)
```

평균 제곱오차는 테스트 데이터들에 대한 신경망의 출력 값 mynn_H1_resTS$net.result와 목표 출력 값 mydatanTS[,5]의 차를 제곱한 후, 그 합을 테스트 데이터 수로 나누어서 계산할 수 있다. 이렇게 얻어진 평균 제곱오차 값 mse는 0.013036으로 비록 학습 데이터에 대한 평균 제곱오차보다는 크지만 충분히 작은 값으로, 일반화가 잘 이루어졌다고 판단할 수 있다.

회귀 문제의 경우, 제곱오차와 함께 상관계수를 이용하여 그 정확도를 평가하기도 한다. cor함수를 이용하여 신경망이 내는 출력 mynn_H1_resTS$net.result와 테스트 집합의 목표 출력 값 mydatanTS[,5] 간의 상관계수(correlation coefficient)를 계산해 볼 수 있다.

```
> cor(mydatanTS[,5], mynn_H1_resTS$net.result)
```

```
             [,1]
[1,] 0.9672483795
```

두 데이터가 완벽한 의존관계를 가질 때 상관계수는 1이 되므로, 0.97에 가까운 상관관계를 얻었음은 신경망의 학습이 훌륭히 이루어졌음을 의미한다. 그러나 만약 이 결과에 만족하지 못한다면, 신경망의 모델을 바꾸어 다시 시도해 볼 수 있다. 간단히 은닉 노드의 수를 5개로 늘려서 다시 학습해 보자. 이를 위해서는 neuralnet 함수의 파라미터로 hidden을 추가로 사용하면 된다. 학습이 완료되면 plot을 이용하여 결과를 도식화해보자.

```
> mynn_H5 <- neuralnet(PE ~ AT + V + AP + RH,
  data=mydatanTR, hidden=5)
> plot(mynn_H5)
```

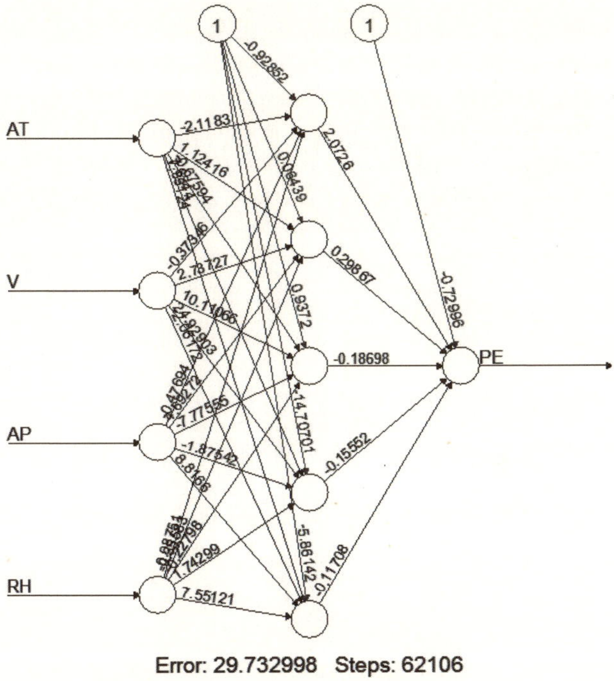

그림 20 5개의 은닉 노드로 학습한 결과

그림에서 5개의 은닉 노드를 가진 신경망을 확인할 수 있으며, 학습오차가 29.14로 앞선 실험보다 다소 감소되었음을 알 수 있다. 테스트 데이터에 대한 성능을 확인하기 위해 mynn_H5의 출력 값을 계산하고 평균 제곱오차와 상관계수를 측정해 보자.[12]

12) 은닉 노드가 많아지고 초기 값이 달라지면 수렴하기까지 오랜 시간이 걸릴 수 있으므로 참고 기다려 보면서 여러 가지 초기 값을 시도해 보기 바란다.

```
> mynn_H5_resTS <- compute(mynn_H5,
mydatanTS[,1:4])
> sqr_err_H5 <-
  (mynn_H5_resTS$net.result-mydatanTS[,5])^2
> mse_H5 <- sum(sqr_err) / length(sqr_err)
> cor(mydatanTS[,5], mynn_H5_resTS$net.result)
```

```
             [,1]
[1,] 0.9706719203
```

이렇게 얻어진 mse_H5의 값은 0.0116888이고, 상관계수 값은 0.97067로, 테스트 데이터에 대한 성능도 은닉 노드 1개의 경우에 비해 약간 상승하였음을 확인할 수 있다.

4.2

nnet 패키지를 이용한 분류

4.2.1 데이터 준비

이번에는 분류 문제에 신경망을 적용해 보자. 사용하는 데이터는 패턴인식 분야에서 사용하는 가장 대표적인 데이터로, R에도 기본으로 탑재되어 있는 iris 데이터를 사용하겠다. iris 데이터는 수선화의 종류를 세 개의 클래스로 분류하는 문제로, 꽃잎과 꽃받침의 너비와 길이 정보를 입력 값으로 사용한다. R에서는 iris와 iris3의 두 가지 다른 데이터 형태를 제공하는데, 여기서는 3차원 배열로 저장된 iris3을 사용한다. R에 이미 탑재되어 있는 데이터이므로 따로 읽어 들이는 작업은 필요 없으며, 간단히 str 함수를 이용하여 저장된 정보를 살펴보자.

```
> str(iris3)
```

결과값4

```
num [1:50, 1:4, 1:3] 5.1 4.9 4.7 4.6 5 5.4 4.6 5 4.4 4.9 ...
- attr(*, "dimnames")=List of 3
  ..$ : NULL
  ..$ : chr [1:4] "Sepal L." "Sepal W." "Petal L." "Petal W."
  ..$ : chr [1:3] "Setosa" "Versicolor" "Virginica"
```

이로부터 주어진 데이터는 4개의 입력 속성(Sepal L., Sepal W., Petal L., Petal W.)과 3개의 클래스(Setosa, Versicolor, Virginica)를 가지고 있고, 각 클래스당 50개의 샘플이 존재함을 알 수 있다. 신경망의 학습을 위하여 일단 입력 값들만 별도의 변수에 저장하고, 그 값의 분포를 살펴보자.

```
> iris_input <- rbind(iris3[,,1],iris3[,,2],
  iris3[,,3])
> summary(iris_input)
```

결과값5

```
   Sepal L.          Sepal W.          Petal L.        Petal W.
Min.   :4.300000  Min.   :2.000000  Min.   :1.000  Min.   :0.100000
1st Qu.:5.100000  1st Qu.:2.800000  1st Qu.:1.600  1st Qu.:0.300000
Median :5.800000  Median :3.000000  Median :4.350  Median :1.300000
Mean   :5.843333  Mean   :3.057333  Mean   :3.758  Mean   :1.199333
3rd Qu.:6.400000  3rd Qu.:3.300000  3rd Qu.:5.100  3rd Qu.:1.800000
Max.   :7.900000  Max.   :4.400000  Max.   :6.900  Max.   :2.500000
```

여기서 사용된 rbind 함수는 입력으로 주어진 벡터들을 행 방향으로 결합하는 함수이다. 입력 변수 iris3[,,1]은 첫 번째 클래스에 속하는 샘플들 50개에 대한 4종류의 입력 속성 값으로, 50행 4열의 행렬이다. 같은 크기의 행렬 3개를 행 방향으로 결합하므로, 얻어지는 iris_input은 150행 4열의 행렬이 된다. summary 함수를 이용해 살펴보았을 때, 각 변수(열)들의 최소/최댓값이 모두 한자리 수이므로, 별도의 정규화 과정은 생략하고 그대로 학습을 수행한다.

입력 값이 준비되었으니 이제 출력 값도 정해주어야 하는데, 3개의 클래스를 가진 분류 문제를 학습하기 위해서는 출력 노드가 3개 필요하며, 각 노드의 출력 값을 클래스 라벨에 맞추어 정해주는 작업이 필요하다. nnet 패키지에서는 이를 간단히 수행해주는 함수 `class.ind`를 제공한다.[13] 이 함수를 이용하여 원하는 형태의 출력 값을 가진 객체 `iris_out`을 만들고, `View` 함수를 이용하여 그 값을 살펴보자.

```
> iris_out <- class.ind( c(rep("s", 50),
  rep("c", 50), rep("v", 50)) )
> View(iris_out)
```

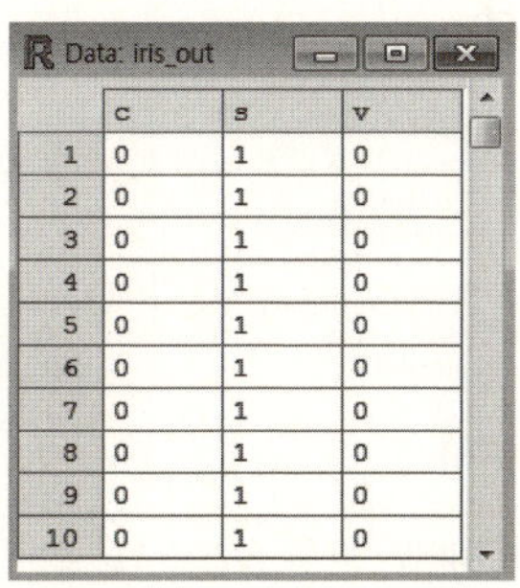
Data: iris_out

	c	s	v
1	0	1	0
2	0	1	0
3	0	1	0
4	0	1	0
5	0	1	0
6	0	1	0
7	0	1	0
8	0	1	0
9	0	1	0
10	0	1	0

그림 21 iris_out 데이터

13) class.ind 함수를 수행하기 위해서는 먼저 library 함수를 이용하여 nnet 패키지를 불러와야 한다.

이어서 전체 150개 데이터를 학습용과 테스트용으로 나누어야 한다. 앞 절의 경우와 마찬가지로 sample 함수를 사용하여 각 클래스 별로 25개씩 학습 집합과 테스트 집합으로 나누고 boxplot으로 그 분포를 살펴보자.

```
> samp <- c(sample(1:50,25), sample(51:100,25),
  sample(101:150,25))
> iris_inputTR <- iris_input[samp,]
> iris_inputTS <- iris_input[-samp,]
> iris_outTR <- iris_out[samp,]
> iris_outTS <- iris_out[samp,]
> boxplot(iris_inputTR)
> boxplot(iris_inputTS)
```

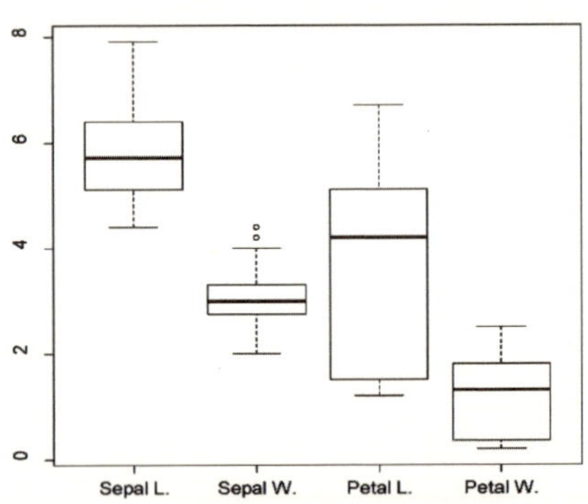

(a) boxplot(iris_inputTR)

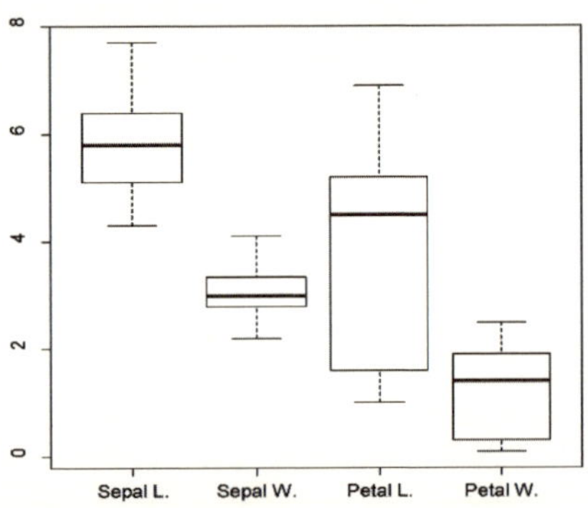

(a) boxplot(iris_inputTS)

그림 22 iris 데이터의 학습 집합과 테스트 집합의 입력 값 분포

4.2.2 학습

데이터가 준비되면 신경망 학습을 위한 함수 nnet을 호출하여 학습을 수행한다. 이번에 사용하는 패키지 nnet은 R에 기본으로 탑재되어 있으므로 install 명령을 따로 수행할 필요는 없다. 다만 라이브러리를 메모리에 불러와서 사용하기 위해 library함수를 먼저 호출한 후, nnet함수를 호출하여 학습을 수행한다.

```
> library(nnet)
> irisnet <- nnet(iris_inputTR, iris_outTR, size =
3, rang = 0.1, abstol=0.00001, maxit = 500)
```

nnet함수의 입력 파라미터로 6개의 값이 주어졌다. 학습 데이터의 입력 값 `irist_inputTR`과 출력 값`iris_outTR`이 기본적으로 주어져야 하는 입력이며, 나머지는 학습에 필요한 설정들이다. size는 은닉 노드의 수를, rang은 초기 가중치가 가지는 최댓값을 의미한다. 즉, 가중치는 (-0.1,0.1)의 구간에서 랜덤하게 초기화 된다. abstol은 학습 완료 조건을 결정해 주는 값으로, 학습오차의 감소 폭이 `0.00001`보다 작아지면 학습을 멈추도록 하였다. `maxit`는 오차가 줄지 않더라도 학습이 끝날 수 있도록, 학습 횟수가 500이 되면 학습이 멈추도록 설정하였다. 이 함수를 호출하면 학습이 진행되면서 학습 오차의 변화를 계속 출력하여 준다.

```
# weights:  27
initial  value 57.026825
iter  10 value 24.064907
iter  20 value 1.955383
iter  30 value 1.942083
iter  40 value 1.928731
iter  50 value 1.926866
iter  60 value 1.925976
iter  70 value 1.923659
iter  80 value 1.923432
final  value 1.923425
converged
```

위 값들은 함수의 수행이 끝나고 난 결과이다. maxit가 500이었으나, 80번을 돌았을 때 학습오차의 감소폭이 0.00001보다 작아져서 학습이 완료되고 converged라는 메시지를 출력하였다. 결과의 제일 첫 줄에는 학습에 사용된 가중치 파라미터의 개수가 나타나 있다. 결과로부터 학습 횟수가 증가하면서 오차가 줄어들고 있음을 볼 수 있다. 최종적으로 얻어진 학습오차(제곱오차)는 1.923425이다. iristnet에 저장된 학습 결과를 str함수를 이용해 살펴보자.[14] 주요한 항목에 대하여서는 결과 옆에 주석을 달아두었다.

```
> str(irisnet)
```

14) 수행 결과는 랜덤으로 설정되는 초기 값에 의존하므로, 수행할 때마다 달라진다. 당연히 독자들이 수행한 결과는 책에 보이는 것과 다를 수 있다.

```
List of 15
 $ n            : num [1:3] 4 3 3                                    //노드수(입력층-은닉층-출력층)
 $ nunits       : int 11
 $ nconn        : num [1:12] 0 0 0 0 0 0 5 10 15 19 ...
 $ conn         : num [1:27] 0 1 2 3 4 0 1 2 3 4 ...
 $ nsunits      : int 11
 $ decay        : num 0                                              //과다학습 방지를 위한 정규화항 반영도
 $ entropy      : logi FALSE                                         //크로스엔트로피 오차 사용 여부
 $ softmax      : logi FALSE                                         //소프트맥스 활성화함수 사용 여부
 $ censored     : logi FALSE
 $ value        : num 1.92
 $ wts          : num [1:27] 3.1076 14.4908 10.4533 2.3837 -0.0839 ...
 $ convergence  : int 0                                              //학습오차가 수렴되었는지 여부
 $ fitted.values: num [1:75, 1:3] 0.000447 0.000447 0.000447 0.000447 0.000447 ...    //신경망 출력
  ..- attr(*, "dimnames")=List of 2
  .. ..$ : NULL
  .. ..$ : chr [1:3] "c" "s" "v"
 $ residuals    : num [1:75, 1:3] -0.000447 -0.000447 -0.000447 -0.000447 -0.000447 ...  //출력
값의 오차
  ..- attr(*, "dimnames")=List of 2
  .. ..$ : NULL
  .. ..$ : chr [1:3] "c" "s" "v"
 $ call         : language nnet.default(x = iris_inputTR, y = iris_outTR, size = 3, rang = 0.1,
maxit = 500, abstol = 0.00001)
 - attr(*, "class")= chr "nnet"
```

neuralnet의 경우와 마찬가지로 iristnet에는 학습된 신경망과 관련된 값들이 저장되어 있음을 볼 수 있다. 한 가지 눈여겨 볼 것은 entropy와 softmax의 변수 값이 모두 FALSE로 되어 있는 점이다. 이것은 학습할 때 엔트로피 오차와 소프트맥스 활성화함수를 사용하지 않고 일반적인 제곱오차와 시그모이드함수를 사용하였음을 의미한다.

4.2.3 평가와 성능 개선

학습이 완료되고 나면, 테스트 데이터를 이용하여 성능을 평가해야 한다. neuralnet과 마찬가지로 학습된 신경망(irisnet)에 테스트 집합을 넣어서 출력 값을 계산하는 함수가 존재하는데, 그 이름은 predict이다.

```
> irisTS_res <- predict(irisnet,iris_inputTS)"
> str(irisTS_res)
```

결과값6

```
num [1:75, 1:3] 0.000447 0.000447 0.000447 0.000447 0.000447 ...
- attr(*, "dimnames")=List of 2
 ..$ : NULL
 ..$ : chr [1:3] "c" "s" "v"
```

str함수의 결과로부터 알 수 있듯이, irisTS_res에 저장된 결과 값은 75개의 샘플에 대한 3개의 출력 노드의 값으로 이루어져 있다. 이 결과 값을 이용하여 우리는 최종적으로 각 테스트 샘플이 속할 클래스를 결정해야 한다. 이는 75행 3열로 이루어진 행렬에 대해 각 행별로 최댓값을 가지는 열을 찾는 max.col 함수를 이용하여 계산할 수 있다.

```
> clabel_nn <- max.col(irisTS_res)
> clabel_true <- max.col(iris_outTS)
```

테스트 집합에 대한 신경망의 출력 값 irisTS_res와 목표 출력 값 iris_outTS 각각을 이용하여 클래스 라벨을 계산하여 clabel_nn과 clabel_true에 저장하였다. 각각의 원소 값을 비교하여 오분류된 샘플의 수를 다음과 같이 계산할 수 있다.

```
> err_cnt <-((clabel_nn-clabel_true)!=0)
> Ecls <- sum(err_cnt)/75
```

최종적으로 저장된 Ecls가 오분류율이며, 이것은 학습을 수행할 때마다 달라질 것이다. 학습 가중치의 초기치가 랜덤하게 정해지므로 수행할 때마다 달라지기 때문이다. 필자가 이 책을 집필할 때 학습한 신경망으로 수행한 결과, 오분류율은 0.053으로 75개 중 4개가 오분류되었다. 좀 더 구체적으로 어떤 클래스의 데이터가 어떻게 오분류되었는지 알고 싶다면 table함수를 이용하여 혼동행렬을 계산해 볼 수 있다.

```
> table(clabel_true, clabel_nn)
```

결과값7

```
           clabel_nn
clabel_true  1  2  3
          1 21  0  4
          2  0 25  0
          3  0  0 25
```

결과에서 알 수 있듯이 오분류된 4개의 샘플은 모두 첫 번째 클래스에 속하는 것으로, 세 번째 클래스로 오분류되었다.

마지막으로, 만약 크로스엔트로피 오차함수를 사용하고 싶다면 다음과 같은 명령으로 학습을 수행할 수 있다.

```
> irisnet_SM <- nnet(iris_inputTR, iris_outTR,
  size = 3, entropy = TRUE, softmax = TRUE,
  rang = 0.1, maxit = 500, )
```

여기서 주의해야 할 것은 파라미터 entropy 값을 TRUE로 설정한다면 softmax의 값도 함께 TRUE로 설정해야 제대로 된 효과를 얻을 수 있다는 점이다. 수행 결과의 확인은 독자에게 맡긴다.

제 5 장

결론: 신경망과 딥러닝

지금까지 우리는 신경망의 기본 개념에서부터 다층퍼셉트론의 학습 알고리즘까지 이론적인 내용들을 살펴보고, 실제로 신경망을 활용할 때 고려해야 할 점도 알아보았다. R에서 제공하는 두 가지 신경망 패키지를 활용한 실험도 함께 해 보았다. 이제 독자들은 각자가 원하는 데이터를 이용하여 학습을 통해 원하는 문제를 해결해 볼 준비가 된 셈이다. 학습하고자 하는 데이터가 손에 들어 왔다면, 다음 사항들을 점검하면서 신경망을 구현해 보기 바란다.

문제의 유형은?

출력 값이 임의의 실수 값이라면 회귀 문제이다. 출력 노드는 선형을 사용해야 한다. 반대로 출력 값이 클래스 라벨이라면 분류 문제이다. 클래스의 수만큼 출력 노드를 만들고, 활성화함수는 시그모이드를 사용해야 한다. 데이터 집합의 목표 출력 값도 출력 노드의 개수에 맞추어 다시 표현해 주어야 함도 잊지 말자.

데이터 구성은?

학습 집합과 테스트 집합으로 나누는 것을 잊지 말자. 학습 데이터가 충분하다면 그 비율을 유사한 정도로 이분하지만, 데이터 수가 많지 않다면 학습 집합의 비율을 키워서 학습이 잘 수행될 수 있도록 하는 것이 우선이다.

신경망의 구조와 초기 설정은?

데이터의 입출력 값에 따라 입력 노드와 출력 노드 수는 결정된다. 은닉 노드 수는 입력 노드 수와 출력 노드 수의 평균 개수 정도로 설정한 후에 학습을 수행하면서 줄이거나 늘려야 할 것이다. 학습률과 최대 학습 횟수 등도 일단 패키지에 기본으로 설정된 값으로 학습을 수행해 본 후에 조정해야 한다.

학습오차가 잘 줄지 않는다면?

신경망은 설계자가 선택해야 하는 조건들이 많기 때문에 수렴 결과도 그에 의존한다. 첫 수행에서 학습이 잘 되지 않는다고 해서 포기하지 말고 여러 가지 조건들을 변경해 보면서 시도해 보자.

- **초기치 수정**: 가중치 초기치는 수행할 때마다 랜덤하게 설정되므로, 다른 조건을 바꾸지 않아도 수행할 때마다 결과가 달라질 수 있다. 좋은 결과를 얻을 수 있을지 수차례 수행해 보자.
- **은닉 노드 수**: 학습오차가 좀처럼 잘 줄지 않는다면 첫째로 해 볼 수 있는 것이 신경망의 복잡도를 올리는 것이다. 은닉 노드 수를 증가시켜보자.
- **학습률과 모멘텀**: 학습오차가 줄어드는 속도가 지나치게 느리다면 학습률을 증가시키거나, 모멘텀을 활용하여 속도를 조금 높여볼 수 있다. 반대로 오차가 줄지 않고 오히려 증가한다면 지나치게 큰 학습률이 원인인 경우가 많으므

로 줄여서 다시 시도해 보자.

- 오차함수: 분류 문제의 경우, 크로스엔트로피를 사용해서 학습 효과를 높일 수 있다. 한편 학습은 잘 되지만 테스트 집합에 대한 성능이 좋지 못하다면 오차함수에 패털티 항을 추가하여 과다적합을 피하는 방법도 있다.

이상과 같은 기본적인 방법 외에도 학습 속도를 높이는 새로운 학습 알고리즘이나 일반화 성능을 높이는 드롭아웃 기법 등 매우 다양한 방법들이 존재한다. 이러한 고급 스킬들은 신경망의 사용에 익숙해진 후에 패키지에서 제공해 주는 방법들을 위주로 시도해 보기 바란다.

마지막으로, 이 책에서 알아본 다층퍼셉트론은 1980년대에 개발된 꽤 고전적인 방법이다. 그렇지만 최근에 관심을 모으고 있는 딥러닝 방법의 기초가 되는 모델이다. 다층퍼셉트론의 은닉층의 수를 증가시킨 것이 딥러닝에서 말하는 심층 신경망이며, 그 학습법도 오류역전파 알고리즘과 다르지 않다. 결과적으로 지금 학계와 산업계에서 주목받는 딥러닝의 성공은 단지 학습을 조금 빠르게 하고 테스트 오차를 줄일 수 있는 부수적인 팁들이 많이 개발되고, 컴퓨터의 계산 속도가 늘어났으며, 학습할 수 있는 데이터의 수가 폭발적으로 증가한 것에 기인한다. 그런 의미에서 다층퍼셉트론을 제대로 이해한 독자들은 딥러닝 기술도 이미 활용할 수 있는 준비가 된 것이다. 많은 수의 데이터를 이용하여 복잡하고 어려운 문제를 해결해 보고 싶다면 두려워 말고 딥러닝에 도전해 보기 바란다.

제 6 장

연습문제

1. R 패키지 "neuralnet"을 이용하여 iris 데이터 분류를 다음과 같은 단계를 거쳐 수행해 보시오.

(1) iris 데이터에 대하여, 각 클래스당 50개씩 총 150개의 데이터를 학습 데이터(클래스당 30개씩, 총 90개)와 테스트 데이터(나머지 60개)로 나누고, 출력 노드가 3개인 신경망으로 학습할 수 있도록 출력 값의 형태를 변경하시오.

모범 답안

```
> c1 <- c(rep(1,50),rep(0,50),rep(0,50))
> c2 <- c(rep(0,50),rep(1,50),rep(0,50))
> c3 <- c(rep(0,50),rep(0,50),rep(1,50))
> iris_inp_out <- data.frame(iris[,1:4],c1,c2,c3)
> samp <- c(sample(1:50,30),sample(51:100,30),
  sample(101:150,30))
> irisTR <- iris_inp_out[samp,]
> irisTS <- iris_inp_out[-samp,]
```

(2) neuralent 패키지를 이용하여 (1)에서 얻은 학습 데이터로 신경망을 학습하시오. 이때 은닉 노드의 수는 3으로 하고, 출력 노드의 활성화함수는 시그모이드로 설정하시오(나머지 초기화 조건은 적절히 선택가능).

모범 답안

```
> install.packages("neuralnet")
> library(neuralnet)
> irisNN_H3 <- neuralnet(c1+c2+c3 ~ Sepal.Length +
  Sepal.Width + Petal.Length + Petal.Width,
  data=irisTR, hidden=3, linear.output=FALSE)
```

(3) 학습이 완료된 신경망을 그림으로 나타내 보시오.

모범 답안

```
> plot(irisNN_H3)
```

(4) 학습 데이터와 테스트 데이터에 대하여 각각 분류 결과를 계산하고, 혼돈행렬을 출력하시오.

모범 답안

```
> irisNN_H3_resTR <- compute(irisNN_H3, irisTR[,1:4])
> irisNN_H3_resTS <- compute(irisNN_H3, irisTS[,1:4])
> irisNN_H3_clabelTR <- max.col(irisNN_H3_resTR$net.
result)
> irisNN_H3_clabelTS <- max.col(irisNN_H3_resTS$net.
result)
> true_clabelTR <- max.col(irisTR[,5:7])
> true_clabelTS <- max.col(irisTS[,5:7])
> table(true_clabelTR, irisNN_H3_clabelTR)
> table(true_clabelTS, irisNN_H3_clabelTS)
```

2. R 패키지 "nnet"을 이용하여 combined cycle power plant 데이터의 PE 값을 예측하는 문제를 다음과 같은 단계를 거쳐 수행해 보시오.

(1) UCI machine learning repository로부터 Combined cycle power plant(참고문헌[7]의 링크 사용)를 다운받아 Folds5x2_pp.xlsx 파일의 첫 번째 sheet에 있는 데이터를 R에서 불러오시오.

모범 답안

```
엑셀 파일(Folds5x2_pp.xlsx)을 csv파일로 저장함

> setwd("C:/BigData/NN/Exercise")
> pp_data = read.csv("Folds5x2_pp.csv")
```

(2) 데이터의 각 변수의 값들을 −1에서 1 사이 범위로 정규화한 후, 학습 데이터 집합 5,000개를 선별하고, 나머지를 테스트 데이터 집합으로 구성하시오.

모범 답안

```
> normalize <-function(x)
  return(((x-min(x))/(max(x)-min(x)))*2-1)

> ppdata_norm <- as.data.frame(lapply(pp_data,
normalize))
> samp <- sample(1:9568,5000)
> ppdata_TR <- ppdata_norm[samp,]
> ppdata_TS <- ppdata_norm[-samp,]
```

(3) nnet 패키지를 이용하여 (2)에서 얻은 학습 데이터로 신경망을 학습하시오. 이때 출력 노드의 활성화함수는 선형함수로 설정하고, 은닉 노드의 수가 1과 5인 경우 각각에 대해 신경망을 학습하시오(나머지 초기화 조건은 적절히 선택 가능).

모범 답안

```
> ppnet_H1 <- nnet(ppdata_TR[,1:4], ppdata_TR[,5],
  size=1, linout=TRUE, rang = 0.1, abstol=0.0000001,
  maxit=5000)
> ppnet_H5 <- nnet(ppdata_TR[,1:4], ppdata_TR[,5],
  size=5, linout=TRUE, rang = 0.1, abstol=0.0000001,
  maxit=5000)
```

(4) 학습이 완료된 2개의 신경망으로 각각 테스트 데이터에 대한 제곱오차와 상관계수를 계산해 보시오.

모범 답안

```
> ppnet_H1_resTS <- predict(ppnet_H1, ppdata_TS[,1:4])
> ppnet_H5_resTS <- predict(ppnet_H5, ppdata_TS[,1:4])
> sqr_err_H1 <- (ppnet_H1_resTS-ppdata_TS[,5])^2
> mse_H1 <- sum(sqr_err_H1) / length(sqr_err_H1)
> sqr_err_H5 <- (ppnet_H5_resTS-ppdata_TS[,5])^2
> mse_H5 <- sum(sqr_err_H5) / length(sqr_err_H5)
>cor(ppdata_TS[,5], ppnet_H1_resTS)
>cor(ppdata_TS[,5], ppnet_H5_resTS)
```

부 록 1

오류역전파 알고리즘

여기서는 2.2절에서 미루어두었던 다층퍼셉트론의 학습 알고리즘의 유도 과정을 설명한다. 지금부터는 복잡한 함수식으로 정의되는 오차함수를 미분해 나가는 다소 지루하고 머리 아픈 과정이 시작될 것이다. 학습 알고리즘의 완벽한 수학적 이해보다는 활용에 관심이 있는 독자들은 지금부터 논의되는 사항들은 간과해도 좋을 것이다.

우선 문제를 조금 간단히 하기 위해 (식 8)과 같이 학습 데이터 전체를 한꺼번에 사용하는 배치 모드용 오차함수를 사용하는 대신 하나의 데이터 쌍 $(\boldsymbol{x},\boldsymbol{t})$에 대해 정의된 오차함수 $e(\boldsymbol{x},\boldsymbol{\theta})$를 사용하여 온라인 모드용 학습식을 유도해 보자.

$$e(\boldsymbol{x},\boldsymbol{\theta}) = \sum_{k=1}^{M}(t_k - y_k)^2 = \sum_{k=1}^{M}(t_k - f_k(x,\boldsymbol{\theta}))^2 \quad \text{(식 A1)}$$

입력 $\boldsymbol{x}$에 대한 신경망의 출력 값 y_k가 (식 5)를 이용하여 계산된다고 하자. 우리가 학습을 통해 수정해주어야 하는 파라미터는 $v_{jk}(j = 0 \ldots H, k = 1 \ldots M)$와 $w_{ij}(i = 0 \ldots L, j = 1 \ldots H)$로, 이를 모두 합하여 하나의 벡터 $\boldsymbol{\theta}$로 표시한다. 파라미터의 수정 식 $\Delta\boldsymbol{\theta}$는 오차함수를 각 파라미터로 편미분함으로써 얻을 수 있다. 먼저 은닉층에서 출력층으로의 파라미터 v_{jk}에 대한 (식 A1)의 편미분 값을 계산하면 다음과 같이 비교적 간단한 식을 얻을 수 있다.

$$\frac{\partial e}{\partial v_{jk}} = \frac{\partial e}{\partial u_k^o}\frac{\partial u_k^o}{\partial v_{jk}} = \delta_k z_j \quad \text{(식 A2)}$$

$$\delta_k = -\phi_o'(u_k^o)(t_k - y_k) \quad \text{(식 A3)}$$

이 식에서 z_j는 j번째 은닉 노드의 출력 값으로 본문의 (식 6)에 정의되어 있다(z_0는 바이어스 입력 값으로 항상 1). 또 δ_k는 k번째 출력 뉴런의 출력 값과 목표 출력 값과의 차이에 비례하는 값으로, k번째 노드와 연결되어 있는 가중치 v_{jk}의 수정에 핵심이 되는 정보를 가진 오류 값이다. δ_k의 계산식에서 출력 값의 차에 곱해진 비례상수에 해당하는 $\phi_o'(u_k^o)$은 출력 노드 활성화함수의 미분 값으로, 활성화함수의 형태에 따라 달라진다. 일반적으로 많이 쓰이는 시그모이드함수의 경우에는 $\phi_o'(u_k^o) = (1 - z_k)z_k$, 하이퍼탄젠트함수의 경우에는 $\phi_o'(u_k^o) = (1 - z_k)(1 + z_k)$로 간단히 계산된다.

계속해서 입력 노드에서 은닉 노드로의 파라미터 w_{ij}에 대한 편미분도 계산해 보자. w_{ij}는 직접적으로 오차함수 계산에 적용되는 것이 아니라 출력 노드를 한 번 더 거쳐서 계산이 이루어지므로 바로 편미분하는 것이 어렵다. 따라서 다음 식과 같이 체인 규칙으로 풀어서 $\partial u_j^h / \partial w_{ij}$와 $\partial e / \partial u_j^h$로 나누어 접근해 보자.

$$\frac{\partial e}{\partial w_{ij}} = \frac{\partial e}{\partial u_j^h}\frac{\partial u_j^h}{\partial w_{ij}} = \delta_j x_i \qquad \text{(식 A4)}$$

이 식에서 $\partial u_j^h / \partial w_{ij}$는 (식 6)으로 부터 쉽게 x_i로 얻어지나, δ_j로 나타낸 $\partial e / \partial u_j^h$의 계산이 조금 복잡하다. $\partial e / \partial u_j^h$는 j번째 은닉 뉴런으로의 가중 합에 대해 오차함수를 미분한 것인데, 이 역시 바로 계산은 불가능하고, 이를 체인규칙으로 풀어서 표현하면 다음과 같다.

$$\delta_j = \frac{\partial e}{\partial u_j^h} = \sum_{k=1}^{M} \frac{\partial e}{\partial u_k^o} \frac{\partial u_k^o}{\partial u_j^h} \qquad \text{(식 A5)}$$

이렇게 풀어서 표현하면 $\partial e / \partial u_j^h$는 (식 A3)에서 계산된 δ_k에 해당되므로 쉽게 얻을 수 있다. 이어서 $\partial u_k^o / \partial u_j^h$를 계산해야 하는데, 아래의 (식 A6)의 관계식을 이용하면 (식 A7)을 쉽게 얻을 수 있다.

$$u_k^o = \sum_{j=1}^{m} w_{jk} z_j = \sum_{j=1}^{m} w_{jk} \phi_h (u_j^h) \qquad \text{(식 A6)}$$

$$\frac{\partial u_k^o}{\partial u_j^h} = \phi_h{}'(u_j^h) w_{jk} \qquad \text{(식 A7)}$$

(식 A5)와 (식 A6)을 거쳐 계산된 내용을 모두 정리하면 다음과 같은 δ_j에 대한 계산식을 얻게 된다. δ_j는 δ_k와 유사하게 j번째 은닉 노드의 오류를 나타내는 값이다.

$$\delta_j = \frac{\partial e}{\partial u_j^o} = \sum_{k=1}^{M} \frac{\partial e}{\partial u_k^o} \frac{\partial u_k^o}{\partial u_j} = \phi_h{}'(u_j^h) \sum_{k=1}^{M} v_{jk} \delta_k \qquad \text{(식 A8)}$$

이렇게 지루한 과정을 통해 δ_j까지 계산해냈다면 가중치 수정을 위한 준비는 모두 끝난 셈이다. 이제 식을 다시 거슬러 올라가서, 가중치 수정을 위한 구체적인 계산식을 정리해 보자. 학습데이터 쌍 $(\boldsymbol{x},\boldsymbol{t})$가 주어지면, 먼저 신경망의 출력 값 $\boldsymbol{y}$를 계산한다. 이 과정을 통해서 u_j^h, z_j, u_k^o, y_k ($j = 1...H$, $k = 1...M$)의 값들이 계산되는데, 이를 '전방향 계산(forward calculation)'이라고 한다. 전방향 계산이 끝나면, $\boldsymbol{y}$와 $\boldsymbol{t}$를 비교하여 δ_k를 계산하고((식 A3) 이용), 이를 이용하여 다시 δ_j를 계산할 수 있다

[다층 퍼셉트론의 오류 역전파 학습 알고리즘]

① **[초기화]**다음과 같이 학습 시작 조건들을 설정한다.

①-1. 학습용 데이터 집합 $X=\{(x^n, t^n)\}(n=1,...,N)$를 준비한다.

①-2. 가중치 파라미터 $w_{ij}, v_{jk}(i=0...L, j=0...H, k=1...M)$에 임의의 작은 실수값으로 초기값을 부여한다.

①-2. 학습률 η와 원하는 최소오차 ε을 설정한다.

② X로부터 하나의 학습 데이터 쌍 (x, t)를 추출하여, 다음을 순서로 가중치를 수정한다.

[전방향 계산] 현재의 가중치 w_{ij}, v_{jk}를 이용하여 신경망의 출력값 계산.

②-1. 주어진 입력 x에 대하여 u_j^h, z_j u_k^o, y_k $(j=1...H, k=1...M)$를 계산한다. (본문의 [식 6] 이용)

[역방향 수정] 오류역전파 계산을 통해 가중치 w_{ij}, v_{jk}를 수정한다.

②-2. 목표 출력값 t_k를 이용하여 출력노드의 오류항 $\delta_k(k=1...M)$를 계산한다. ([식 A3] 이용)

②-3. δ_k를 은닉층으로 역전파 시켜 은닉노드의 오류항 $\delta_j(j=1...H)$를 계산한다. ([식 A4] 이용)

②-4. δ_k와 δ_j를 이용하여 가중치 수정항을 계산한다. ([식 A9, A10] 이용)

②-5. 계산된 수정항과 학습률을 이용하여 가중치 파라미터를 수정한다.

$$w_{ij}^{(\tau+1)} = w_{ij}^{(\tau)} - \eta \Delta w_{ij}^{(\tau)} \quad (i=0,...L, j=1...H)$$
$$v_{jk}^{(\tau+1)} = v_{jk}^{(\tau)} - \eta \Delta v_{jk}^{(\tau)} \quad (j=0,...H, k=1...M)$$

[종료조건 확인]

③ X에 속한 모든 데이터에 대하여 ②과정이 완료되면 평균제곱오차를 계산한다. (본문의 [식 8] 이용)

④ ③에서 계산된 오차값이 ε보다 작으면 학습을 마치고, 그렇지 않으면 X에 들어 있는 데이터의 순서를 무작위로 바꾼 후 ②~④과정을 반복한다.

그림 A1 오류역전파 학습 알고리즘

((식 A8) 이용). 이 두 값 δ_k와 δ_j가 각각 은닉층에서 출력층으로의 가중치 v_{jk}와 입력층에서 은닉층으로의 가중치 w_{ij}에 대한 수정항을 얻기 위한 핵심 값으로, 이들을 이용하여 다음과 같이 수정항 Δv_{jk}와 Δw_{ij}를 계산할 수 있다.

$$\Delta v_{jk}^{(\tau)} = \frac{\partial e}{\partial v_{jk}} = \delta_k z_j \ , \ \left(\delta_k = -\phi_o{}'(u_k^o)(t_k - y_k)\right) \qquad \text{(식 A9)}$$

$$\Delta w_{ij}^{(\tau)} = \frac{\partial e}{\partial w_{ij}} = \delta_j x_i \ , \ \left(\delta_j = \phi_h{}'(u_j^h)\sum_{k=1}^{M} v_{jk}\delta_k\right) \qquad \text{(식 A10)}$$

이렇게 계산된 수식을 적용하여 학습을 수행하는 전체적인 과정을 정리해 보면 [그림 A1]과 같은 오류역전파 학습 알고리즘을 얻을 수 있다.

마지막으로 지금까지 복잡한 계산 과정을 잘 따라온 독자들에게 주는 선물로, 이 식이 가지는 직관적인 의미를 살펴보자. 계산 과정을 건너뛰어서 넘어온 독자들도 이 부분을 함께 한다면 유명한 오류역전파 학습 알고리즘의 이름이 가지는 의미를 알 수 있을 것이다.

먼저 (식 A9)를 보면, j번째 노드에서 k번째 노드로 연결되는 가중치의 수정항은 j번째 노드의 출력 z_j와 δ_k의 곱으로 정해짐을 알 수 있다. (식 A10)에서도 마찬가지로, i번째 노드에서 j번째 노드로 연결되는 가중치의 수정항은 i번째 노드의 출력 x_i와 δ_j의 곱으로 나타나고 있다. 결국 가중치 수정항의 값을 결정하는 핵심은 δ_k와 δ_j가 되고, 이것이 각각 k번째 출력 노드와 j번째 은닉 노드가 학습을 통해 고쳐야 할 오류 정보를 가지고 있다고 볼 수 있다. 이는 δ_k를 계산하는 (식 A3)에서 보다 확실하게 나타나는데, k번째 출력 노드의 값 y_k와 목표 값 t_k의 차이가 바로 오류 정보로서 δ_k에 포함되어 출력 노드가 올바른 값을 낼 수 있도록 학습에 반영된다.

그렇다면 은닉 노드의 경우는 어떨까? 출력 노드는 목표 값 t_k를 알고 있으므로 δ_k의 계산에 활용될 수 있었지만, 은닉 노드의 목표 값은 따로 주어지지 않는다. 이 문제의 해답을 찾기 위해 (식 A8)을 살펴보자. j번째 은닉 노드의 오류를 나타내는 δ_j는 바로 출력층 노드들의 오류 $\delta_k(k = 1...M)$에 은닉 노드가 출력층에 정보를 전달할 때 적용되는 가중치들을 곱한 오류의 가중 합에 의해 계산된다. 다시 말하면, 목표 값이 따로 주어지지 않는 은닉층의 오류는 목표 값을 가지고 계산된 출력층의 오류를 거꾸로 전달받아 가중 합하여 계산한다. 이것이 바로 다층 퍼셉트론의 기울기 강하 학습법을 '오류역전파 학습 알고리즘'이라고 부르게 된 이유이다(본문의 [그림 11] 참조).

부 록 2

참고문헌

[1] Y. Bengio, "Practical Recommendation for Gradient-Based Training of Deep Architectures," Tech. Report, arXiv:1206.5533, 2012.

[2] S. Haykin, Neural Networks and Learning Machines, 3rd ed., Pearson, 2008

[3] K. Hornik, M. Stinchcombe, H. White, "Multilayer Feedforward Networks are Universal Approximators." Neural Networks 2: 393-366, 1989.

[4] Y. LeCun, L. Bottou, G. Orr and K. Muller: Efficient BackProp, in Orr, G. and Muller K. (Eds), Neural Networks: Tricks of the trade, Springer, 1998

[5] Y, Le Cun, B, Boser, J.S. Denker, H. Henderson, R.E. Howard, W. Hubbard, L.D. Jackel, "Backpropagation Applied to Handwritten Zipcode Recognition," Neural Computation, 1, 541-551, 1989.

[6] 김대수, 신경망 이론과 응용 1, 진한엠앤비, 2005

[7] Combined Cycle Power Pland Data Set:
http://archive.ics.uci.edu/ml/datasets/Combined+Cycle+Power+Plant

[8] Deep learning toolbox:
http://www.mathworks.com/matlabcentral/fileexchange/38310-deep-learning-toolbox

[9] MNIST data:
http://yann.lecun.com/exdb/mnist/

[10] UCI Machine Learning Repository:
http://archive.ics.uci.edu/ml/

찾아보기

ㅇ

ㅈ

ㅊ

ㅋ

ㅌ

ㅍ

ㅎ

A

C

S

T

U

V

W